D1749695

Karussell 7
Kreatives Basteln für Kinder

Tessloff

■ **Hauptarbeit**

● **Abwandlung**

Redaktion

Margarita Puncel
Mercedes Guerrico
Maria Cheridi
Maria José López Abad
Jacqueline Gerday

Skizzen: Pilar Molina
Entwürfe: Juan José Vásquez
Zeichnungen: Javier Pereda
Fotos: Lea Levi
Koordination: Maria Puncel
Herausgeber: Miguel Azaola

© 1976 by Ediciones ALTEA, Madrid
© 1977 by Tessloff Verlag, Hamburg

Aus dem Spanischen von Karin von Schweder-Schreiner

ISBN 3-7886-0707/6

D. L.: BI - 1.265 - 1977

Einleitung

Die Reihe der KARUSSELL-Bastelbücher umfaßt acht Bände, die für Kinder im Alter von 6 bis 14 Jahren geschaffen sind, also in den Altersstufen, die den ersten acht Schuljahren entsprechen.

In jedem Band werden Bastelarbeiten gezeigt, deren Schwierigkeitsgrad dem Alter der Kinder entspricht, an die sich das Buch wendet.

Für jede Technik werden mehrere Bastelarbeiten vorgeschlagen. Zunächst werden die grundlegenden Arbeitsschritte an einer Hauptarbeit (mit einem Quadrat gekennzeichnet) erklärt. Anschließend werden mehrere Abwandlungen (mit einem Kreis gekennzeichnet) gezeigt. Diese Variationen sind stets etwas schwieriger als die Hauptarbeit. So hat das Kind die Möglichkeit, die eben erlernte Technik noch an weiteren Arbeiten zu üben.

Das Kind lernt auch, daß es für die zu jeder Arbeit vorgeschlagenen Materialien und Techniken viele Anwendungsmöglichkeiten gibt: Dies fördert seine schöpferische Phantasie und seine Geschicklichkeit.

In diesem siebten Band der KARUSSELL-Reihe werden wie in den vorhergehenden Bänden Arbeiten mit verschiedenen Materialien gezeigt: Balsaholz wird mit Nägeln gestaltet, Draht zu Spiralen und Ringen gebogen, Stoff genäht und verziert, Handpuppen entstehen aus Styropor und Kreppapier, in Stanniolpapier werden reliefartige Muster gearbeitet, in Linoleum Motive geschnitten, mit Gips werden einfache Formen gegossen, aus Wolle Netze geknotet, Glas und Porzellan werden mit Transparentfarben bemalt, und aus einer Styroporplatte entsteht ein geometrisches Mobile.

Alle diese Techniken werden in einer Sprache erklärt, die sich direkt an das Kind wendet (nicht an den Lehrer oder die Eltern). Sie sind durch farbige Zeichnungen erläutert, die die einzelnen Arbeitsschritte noch deutlicher machen.

MATERIAL:
- Balsaholz
- Nägel in verschiedenen Größen
- biegsamer Draht
- ein Hammer
- Temperafarben
- farbloser Lack
- zwei Holzkugeln
- Laubsäge oder Hobbymesser

Baum

Dieser dekorative Baum wird aus einer Balsaholzplatte gearbeitet, auf die man den Umriß zeichnet (1).

Dann schneidet man den Baum mit der Laubsäge aus und malt den Stamm rot und die Krone grün an (2).

Wenn die Farbe trocken ist, schlägt man verschieden lange, dicke und dünne Nägel in die Baumkrone (3). Tapeziernägel eignen sich gut dafür.

▶ *Am besten legt man den ausgeschnittenen Baum auf eine feste Unterlage, bei der es keine Rolle spielt, wenn sie durch Nagelspitzen, die durch die Holzplatte dringen, beschädigt wird.*

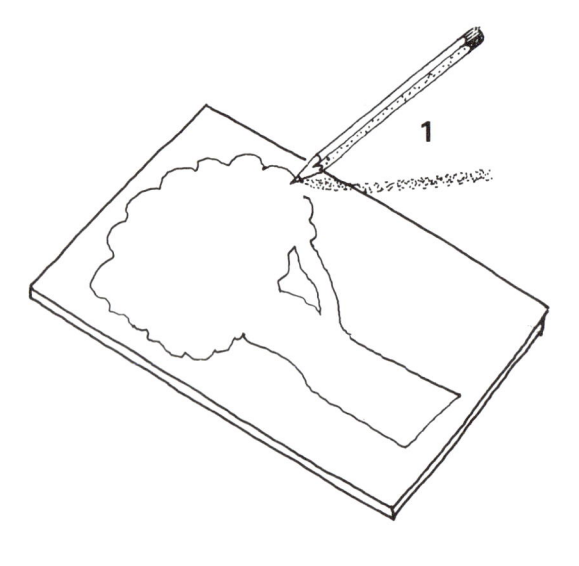

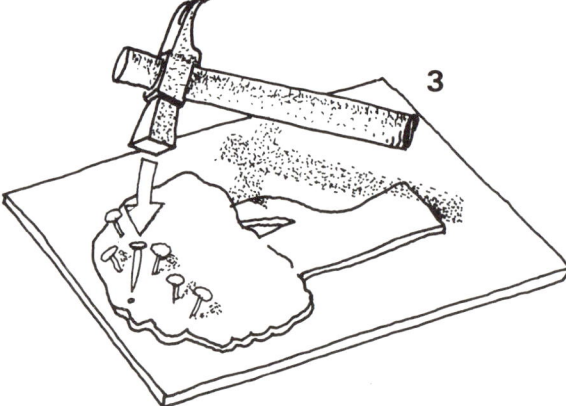

Wenn alle Nägel eingeschlagen sind, kann man sie noch mit farblosem Lack bestreichen, damit sie glänzen (4).

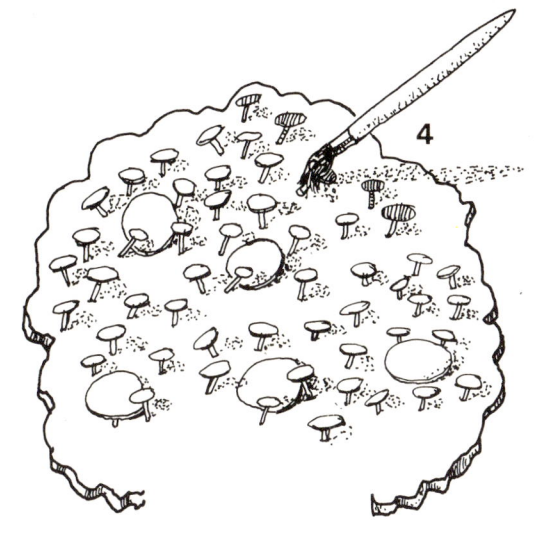

Raupe

Aus einem Stück Balsaholz schnitzt man nach der Zeichnung den Körper einer Raupe (1). Man malt ihn in einer Grundfarbe an und gibt dem Kopf einen etwas dunkleren Ton.

Wenn die Farbe trocken ist, verziert man die Raupe mit bunten Mustern und malt Augen und Mund auf.

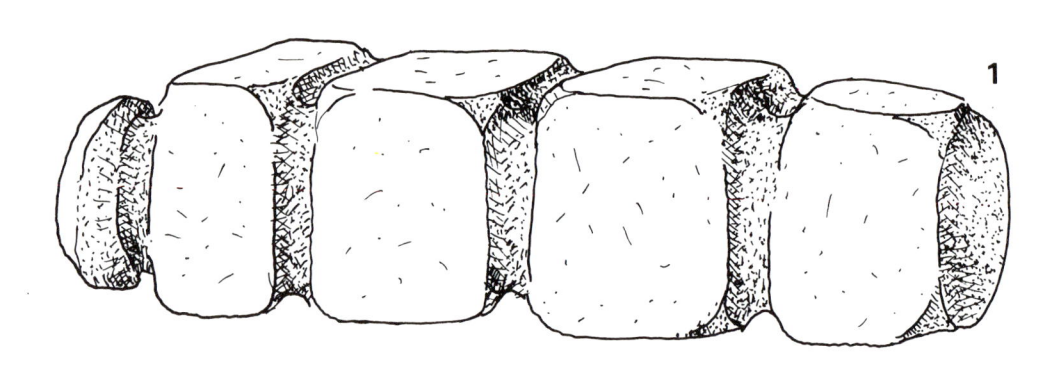

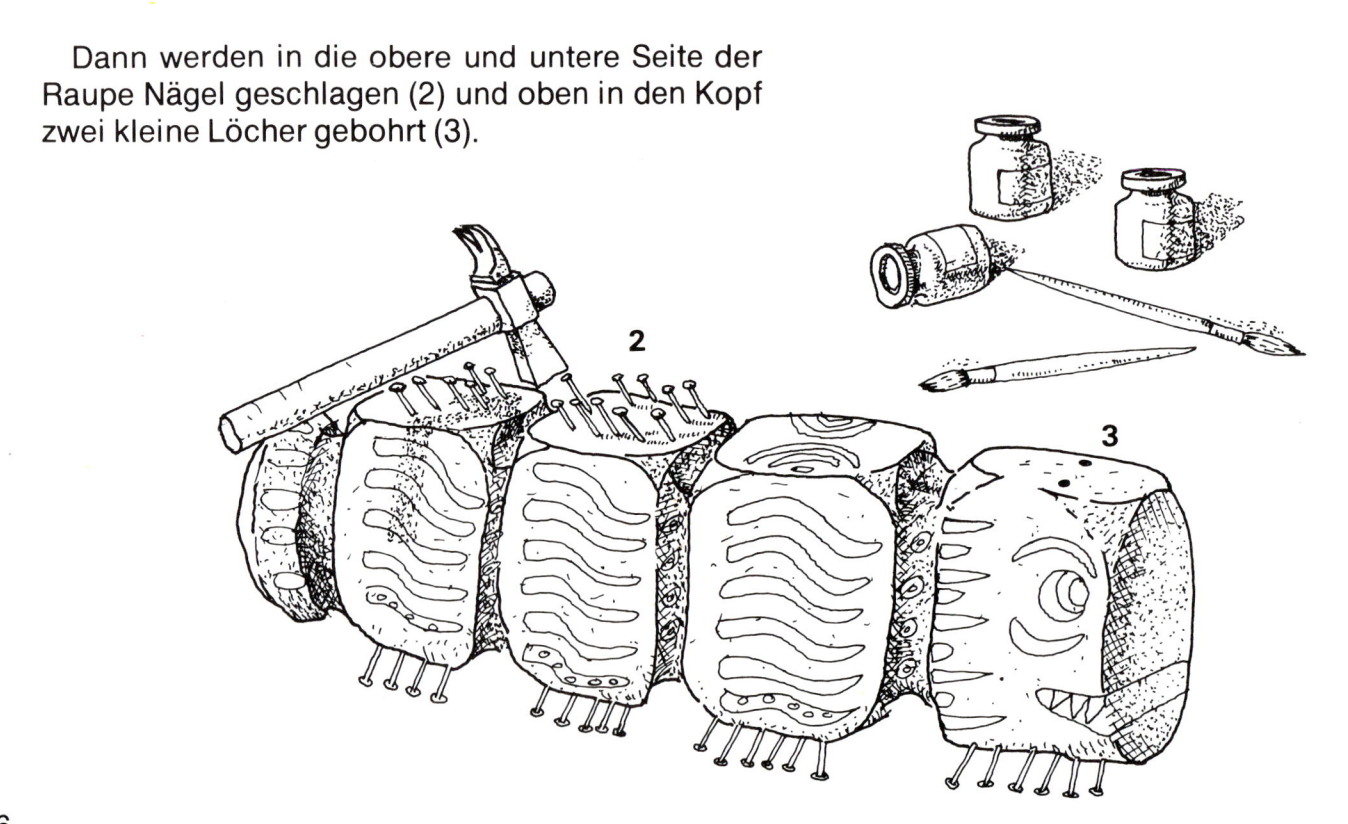

Dann werden in die obere und untere Seite der Raupe Nägel geschlagen (2) und oben in den Kopf zwei kleine Löcher gebohrt (3).

In diese Löcher steckt man zwei Drahtstücke als Fühler. An den Enden der Fühler befestigt man die Holzkugeln und malt sie gelb an. (4).

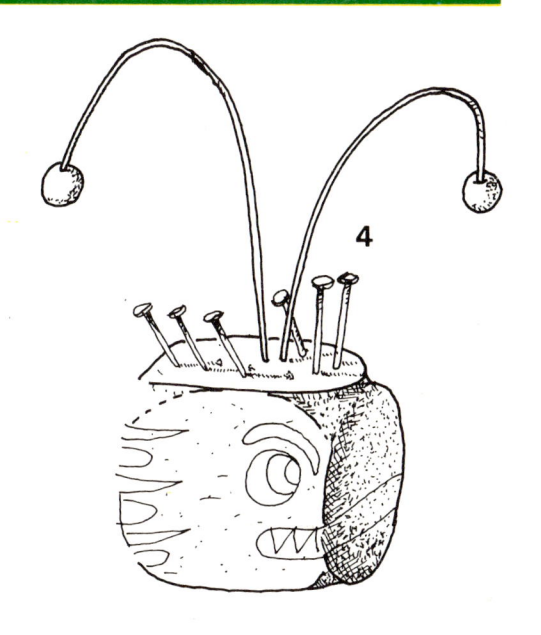

7

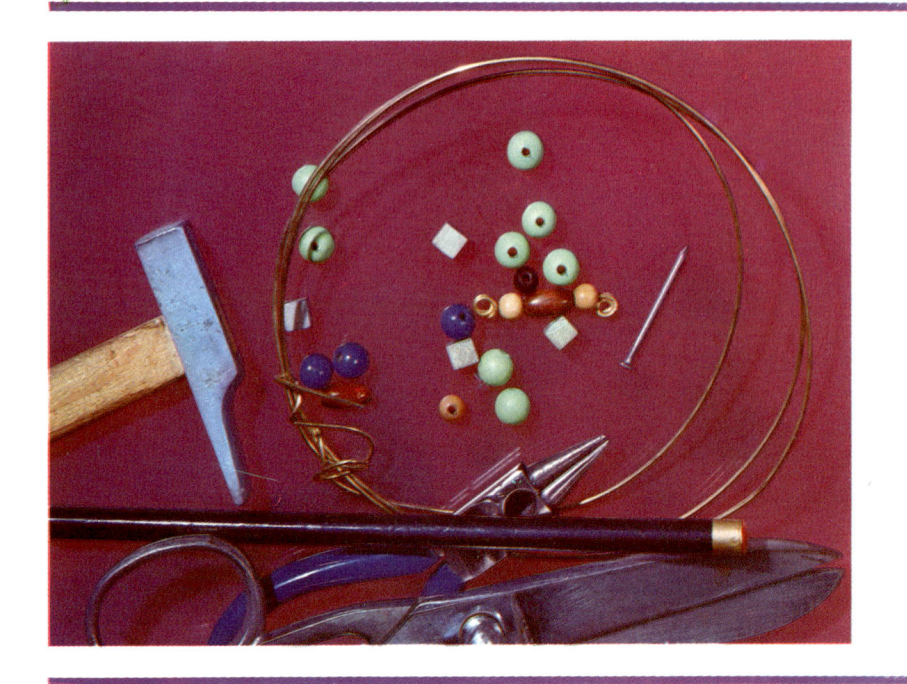

MATERIAL:
- Harter Messingdraht
- weicher Messingdraht
- bunte Perlen in verschiedenen Formen
- eine kräftige Schere
- eine Rundzange
- ein Hammer und ein Nagel
- ein runder Bleistift
- Klebstoff

Kette

Für diese hübsche Kette schneidet man von dem harten Messingdraht ein etwa 60 Zentimeter langes Stück ab und biegt es zu einem ovalen Ring (1).

Für die Spiralen, mit denen der ovale Ring verziert wird, schneidet man von dem weichen Draht neun etwa 15 Zentimeter lange Stücke ab. Dann rollt man sie einzeln wie auf der Zeichnung (2) gleichmäßig fest um einen runden Bleistift.

▶ *Damit die Spiralen gleichmäßig lang werden, müssen sie die gleiche Anzahl von Windungen haben.*

Nachdem man ein Drahtstück aufgerollt hat, zieht man es von dem Bleistift herunter und schneidet die Enden ab (3).

Für die Verzierung in der Mitte der Kette wird eine Spirale mit dem Hammer flachgeschlagen, so daß sie wie auf der Zeichnung (4) geformt ist.

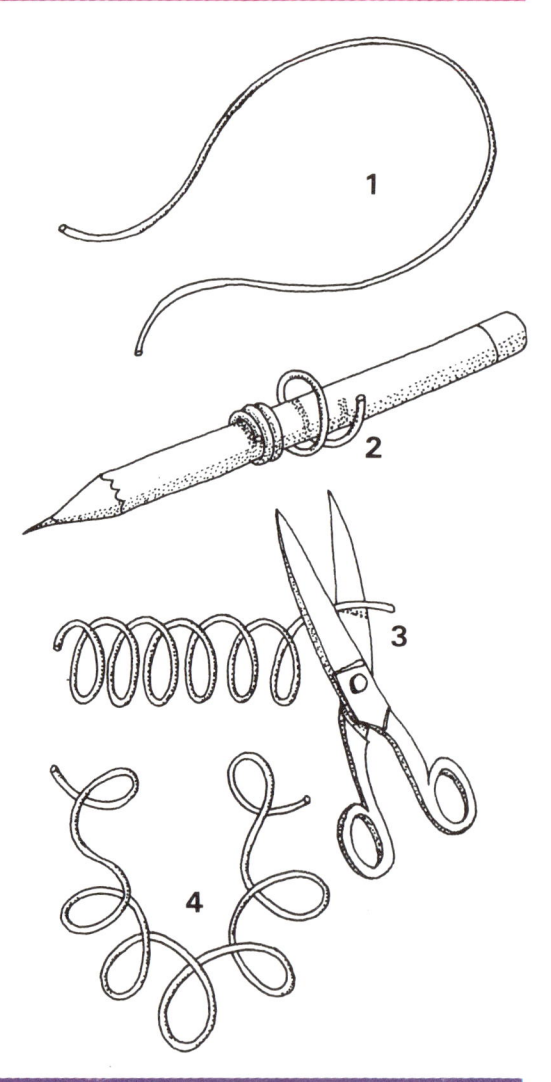

Nun beginnt man mit dem Zusammensetzen der Kette. Man biegt die Enden der flach geschlagenen Spirale um den ovalen Drahtring und schiebt dazwischen eine Perle (5).

Anschließend schiebt man die übrigen Spiralen abwechselnd mit Perlen auf den Drahtring (6).

Für den Verschluß werden an den Enden des Drahtringes zwei Perlen mit Klebstoff befestigt. Die Drahtenden biegt man um, damit sie nicht herunterrutschen (7).

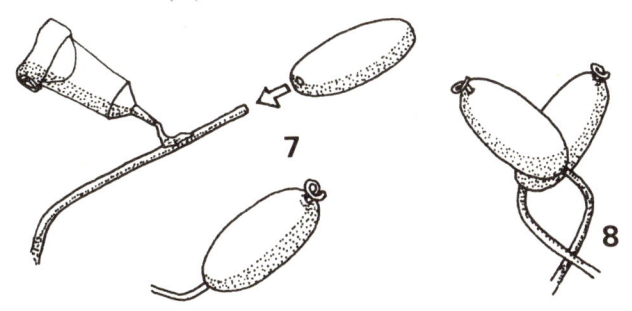

Dann biegt man die Enden mit den Perlen so um, daß sie wie Haken ineinanderfassen (8).

Für die Anhänger der Kette schneidet man kurze Drahtstücke ab und wickelt sie zwei- oder dreimal um einen Nagel (9). Dann zieht man den Draht herunter, schneidet das kurze überstehende Ende ab und klopft die Windungen mit dem Hammer flach (10).

Nun werden abwechselnd eine runde, eine längliche und wieder eine runde Perle auf den Draht gezogen. Das andere Ende des Drahtes wird auf die gleiche Weise wie eben beschrieben um den Nagel gedreht und flachgeklopft (11).

Wenn alle acht Anhänger fertig sind, werden sie in die Spirale gehängt (12).

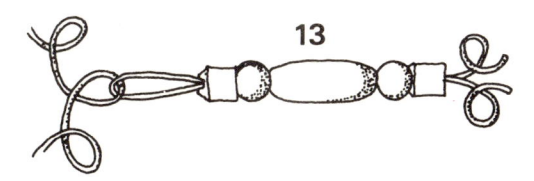

Für den großen Anhänger biegt man ein längeres Drahtstück in der Mitte zusammen und hängt es in die untere Schlaufe der mittleren Spirale. Dann schiebt man Perlen auf den doppelten Draht und wickelt jedes Drahtende wie bei den anderen Anhängern um einen Nagel (13).

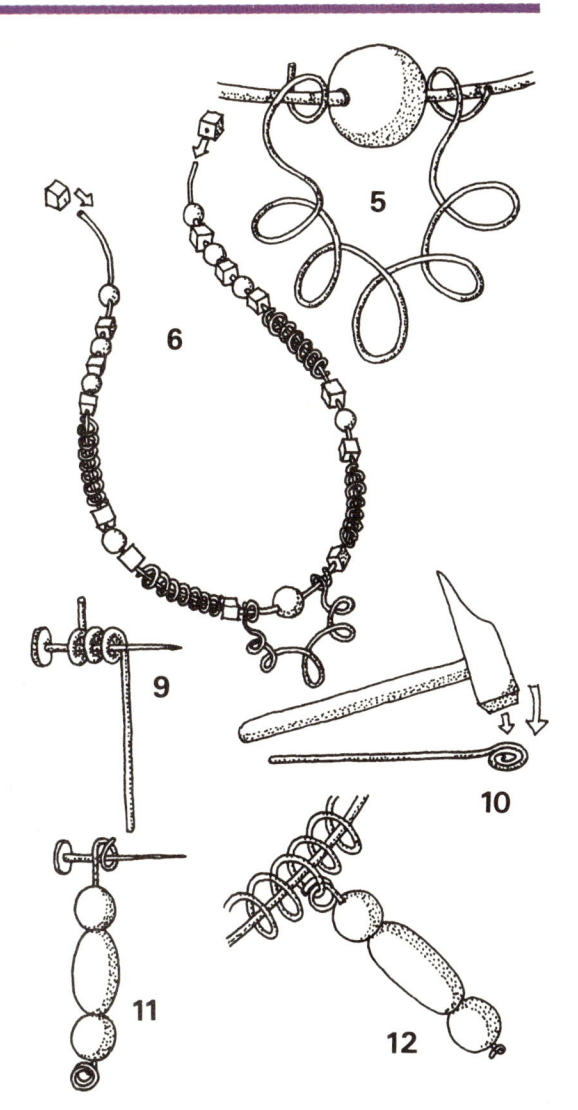

9

Noch eine Kette

Auch diese Kette wird in der auf der vorigen Seite beschriebenen Technik gearbeitet.

Man biegt ein etwa 75 Zentimeter langes Stück Draht zu einem ovalen Ring.

Dann rollt man drei 20 Zentimeter lange Drahtstücke und ein 30 Zentimeter langes Drahtstück auf einem Bleistift zu Spiralen, klopft sie mit dem Hammer flach und biegt sie rund wie auf der Zeichnung (1).

Beim Zusammensetzen der Kette beginnt man in der Mitte. Zuerst wird das eine Ende der großen Spirale auf den Drahtring geschoben, dann folgen eine grüne Perle, ein Ende einer kleinen Spirale, eine blaue Perle, das andere Ende der kleinen Spirale, wieder eine grüne Perle und schließlich das andere Ende der großen Spirale (2).

Dann werden die übrigen Perlen und Spiralen gleichmäßig wie auf der Zeichnung (3) auf den Ring geschoben. Der Verschluß dieser Kette wird wie bei der vorigen Kette gearbeitet.

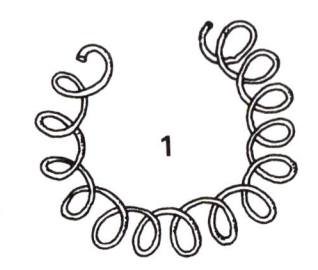

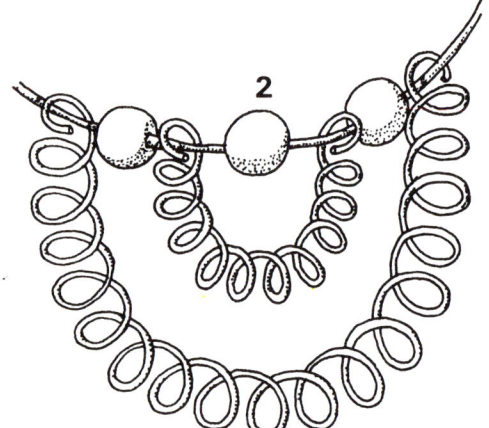

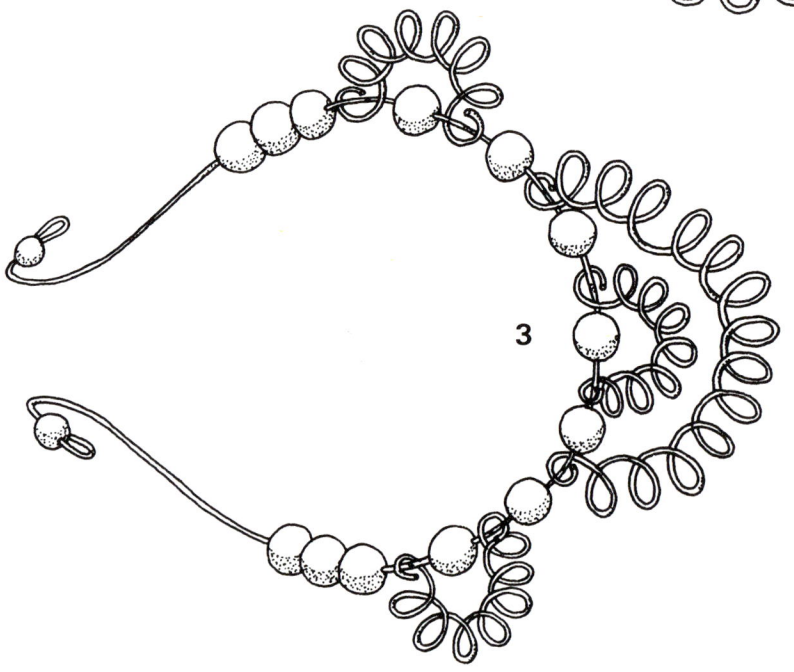

Die Anhänger bestehen aus drei Drahtstücken. Zwei sind gleich lang, das mittlere ein wenig länger. Man wickelt die drei Drahtstücke an einem Ende ein paarmal um einen Nagel und schiebt dann auf jedes Stück drei Perlen. Mit dem anderen Ende werden die Drahtstücke in die mittlere Schlaufe der großen Spirale gehängt (4).

▶ *Wenn der ovale Drahtring sich beim Arbeiten verbiegt, kann man ihn glätten, indem man ihn an einem Ende festhält und durch die Zange zieht.*

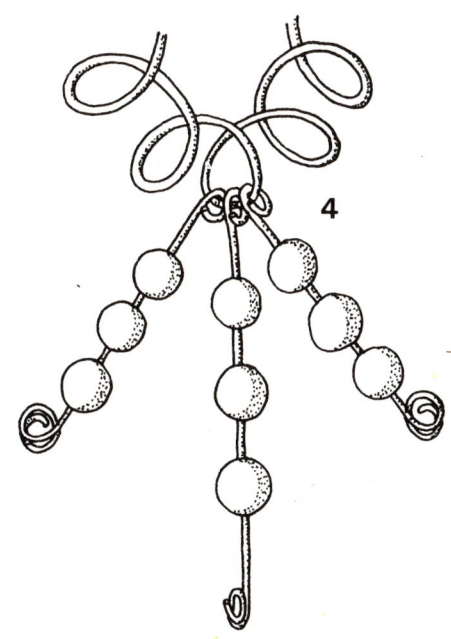

MATERIAL:
- Stoff in verschiedenen Farben und Mustern
- Haushaltband
- Zickzacklitze
- Nähgarn
- Nadeln
- Schere
- Holzstäbe

Schranktasche

Man beginnt mit dem Zuschneiden des Stoffes. Die Maße richten sich danach, wie groß die Schranktasche werden soll. An jeder Seite werden zwei Zentimeter für die Naht und am oberen Rand fünf Zentimeter für den Überschlag zugegeben (1).

Die Kanten werden entweder mit der Hand oder mit der Nähmaschine umgenäht. Dazu wird der Stoff erst etwas knapp, dann noch einmal breiter zur unrechten Seite umgebogen (2).

Nun schneidet man zwei gleich große Taschen zu und gibt an den beiden Längsseiten einige Zentimeter zu (3), damit zwei Falten gelegt werden können. Die Kanten werden einmal umgelegt.
Bevor man die Taschen aufnäht, befestigt man sie mit Stecknadeln, damit sie nicht verrutschen.

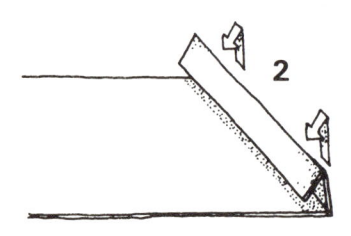

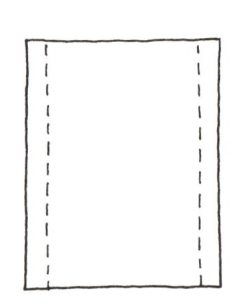

Man schlägt den oberen Rand des Stoffes um und näht mit einer Steppnaht einen Saum, durch den ein Holzstab gesteckt wird (4), damit die Tasche glatt hängt.

Die Kante des Überschlags verziert man mit Zickzacklitze. Als Aufhänger näht man zwei Schlaufen aus Zickzacklitze an (5).

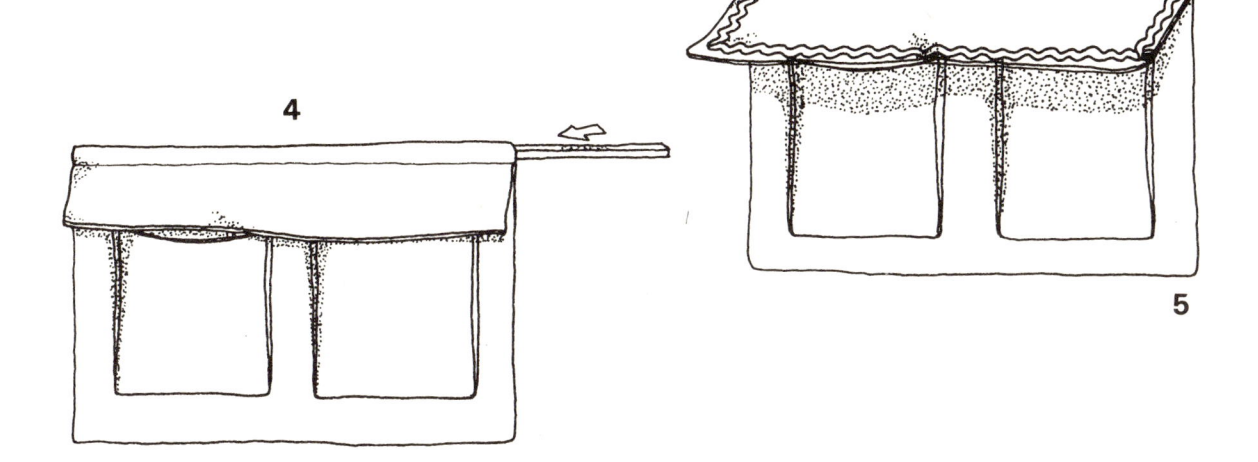

Noch zwei Schranktaschen

Sie werden genauso gearbeitet wie die erste Schranktasche. Nur die kleinen Taschen haben eine andere Form.

Man schneidet drei gleich große Taschen zu und legt sie in der Mitte in eine Falte (1). Zur Verzierung werden die Kanten des großen Stoffstücks sowie die Oberkanten der aufgesetzten Taschen mit farbigem Haushaltband eingefaßt (2).

Zum Schluß wird der Saum für den Holzstab gesteppt, und die Aufhänger werden angenäht.

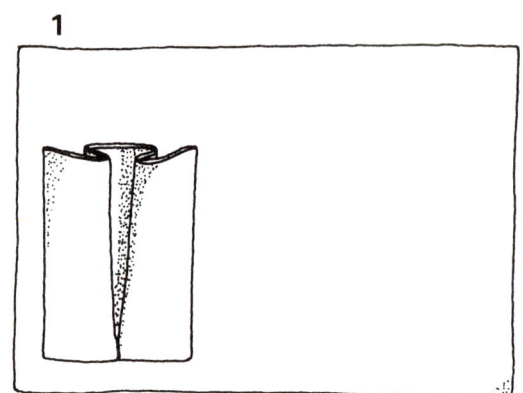

Bei der nächsten Arbeit sind die Taschen unterschiedlich groß (3). Sie haben an den Seiten Falten und sind ebenso wie die übrigen Kanten der Schranktasche mit Zickzacklitze verziert. Die große Tasche wird in der Mitte mit ein paar Stichen festgenäht, damit die Sachen, die man darin verwahrt, nicht herausfallen können.

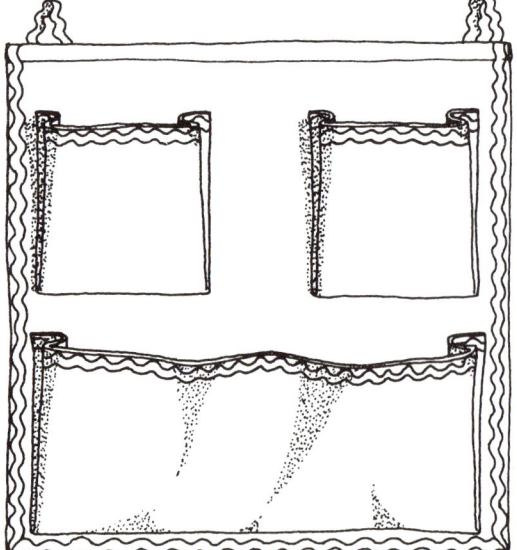

15

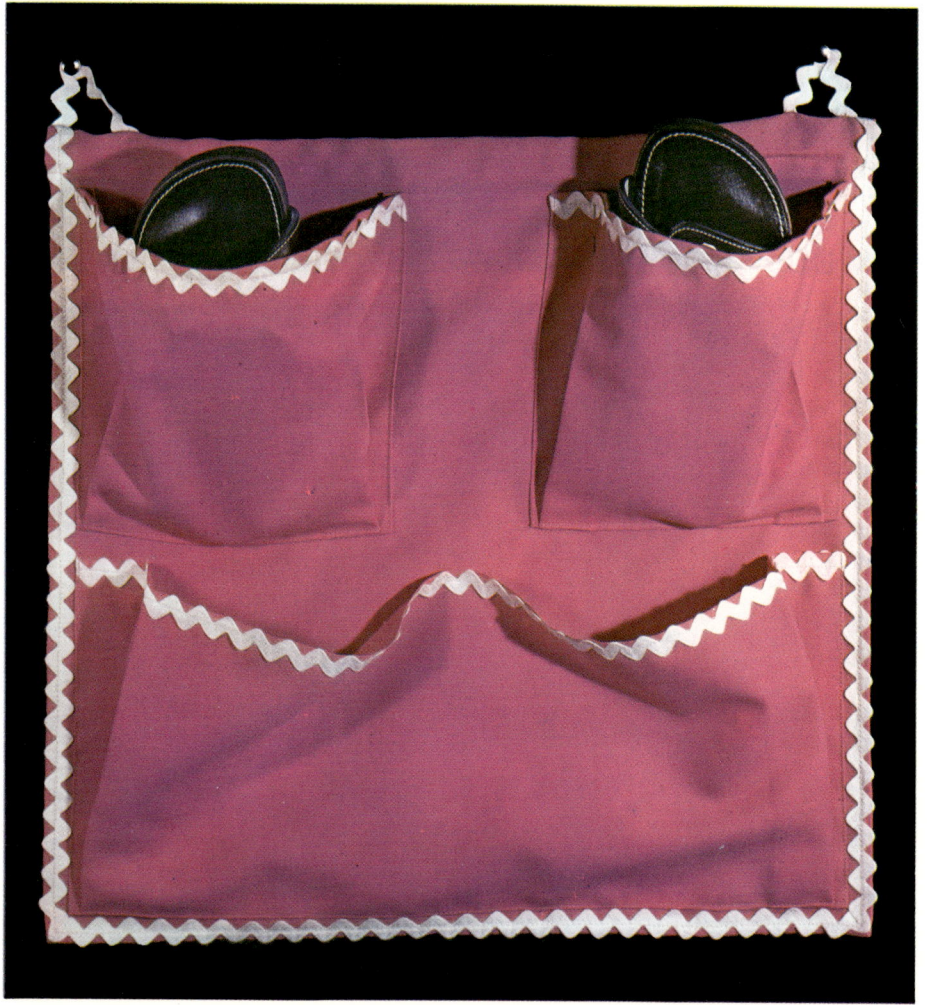

MATERIAL:
- Styroporplatte
- weißer und beiger Karton
- farbiges Kreppapier
- Bonbonpapier aus Metallfolie
- schwarzes Glanzpapier
- Silber- und Goldpapier
- Holzstäbchen, etwa 25 cm lang
- feiner Draht
- Klebstoff, Farben und Filzstifte
- Messer, Pinsel, Schere

Prinzessin

Für die Prinzessin schneidet man aus der Styroporplatte ein rundes Stück für das Gesicht und ein kleines spitzes Stückchen für die Nase aus (1).

Man klebt die Nase in die Mitte des Gesichts, malt alles rosa an und betont die runden Wangen durch ein kräftiges Rot (2).

Die Augen zeichnet man zuerst auf weißen Karton, schneidet sie aus und klebt als Wimpern einen in Fransen geschnittenen Streifen aus Kreppapier an den oberen Rand (3). Auch die Augenbrauen und der Mund werden auf Karton gezeichnet und ausgeschnitten. Dann klebt man diese Teile auf das Gesicht der Prinzessin (4).

Das Haar besteht aus ein paar doppelt gelegten Streifen gelben Kreppapiers, die man in Fransen schneidet (5) und auf den Kopf der Puppe klebt.

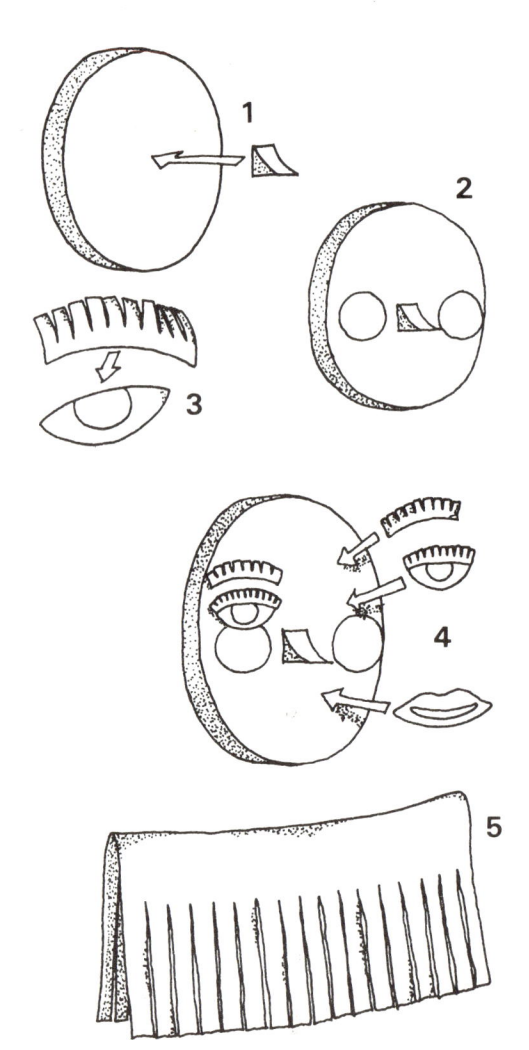

Unten an den Kopf klebt oder nagelt man einen Holzstab, auf dem die Puppe steht (6).

Das Kleid wird aus einem rechteckigen Stück weißem Kreppapier gearbeitet. Darauf werden ein paar bunte Metallpapierstückchen als Edelsteine geklebt (7). Das Rechteck wird an den beiden schmalen Kanten zu einer Rolle zusammengeklebt (8) und über den Holzstab geschoben.

Am Hals wird das Kleid mit einem Stück Draht befestigt. Oben läßt man ein kleines Stück überstehen und knickt es als Halskrause um (9).

Die Krone wird aus Karton geschnitten, mit Silberpapier beklebt und mit kleinen Stücken bunter Metallfolie verziert (10). Dann wird sie auf den Kopf der Prinzessin geklebt.

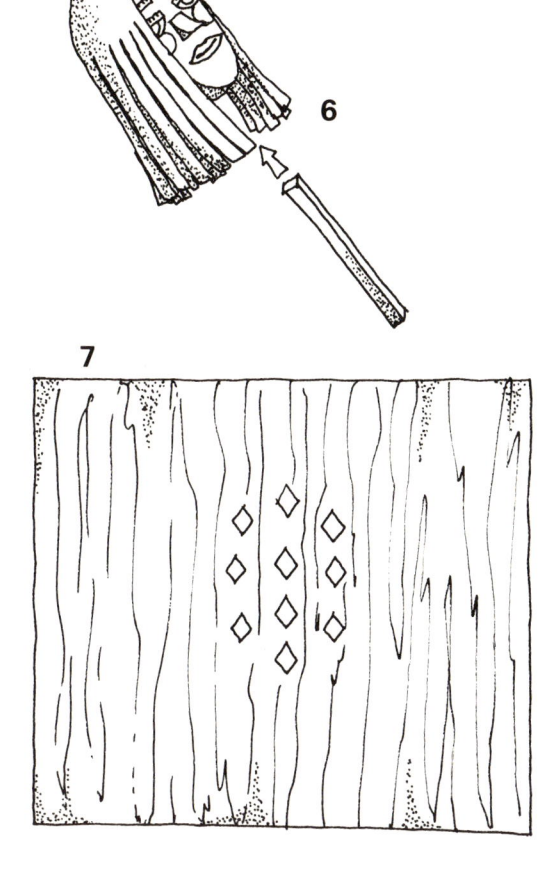

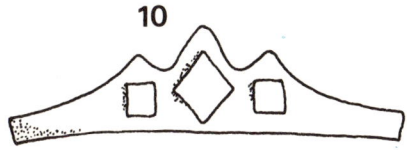

Hexe

Diese furchterregende Hexe wird auf die gleiche Weise wie die Prinzessin gebastelt.

Das Gesicht schneidet man aus Styropor und klebt die Teile für Augenlider, Nase und Kinn auf (1).

Dann werden Augen und Mund auf Karton gemalt, ausgeschnitten und aufgeklebt. Das Haar besteht aus drei Büscheln grünem Kreppapier (2).

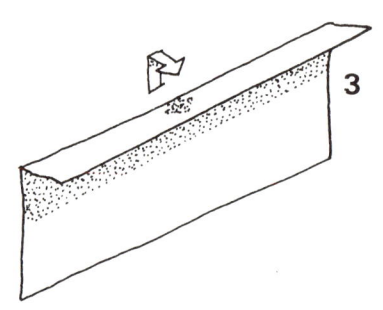

Nun schneidet man wie auf der Zeichnung (3) ein Stück lila Kreppapier zu. Mit dem umgeknickten Rand wird dieser Streifen um den Kopf der Hexe geklebt (4). Dann faltet man ihn am Hinterkopf wie auf der Zeichnung (5) zusammen und klebt ihn fest.

Der Holzstab und das Kleid werden wie bei der Prinzessin angebracht. Die Arme sind Röhren aus Kreppapier, an die aus beigem Karton geschnittene Hände geklebt werden (6). Dann werden die Arme mit dem Kleid am Hals befestigt.

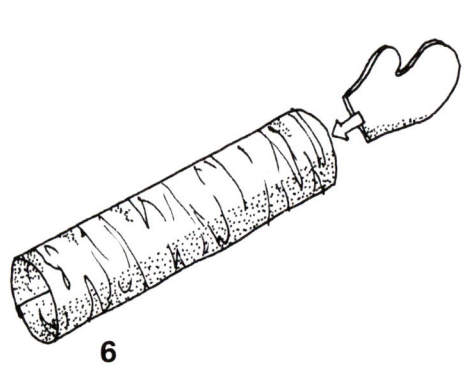

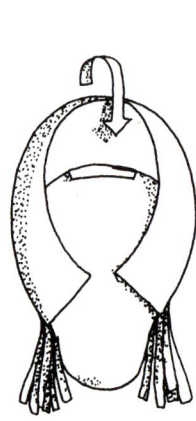

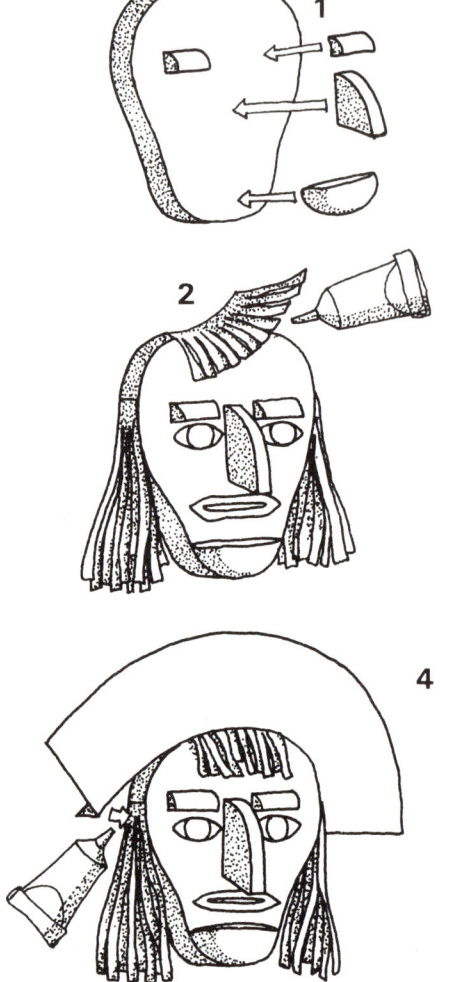

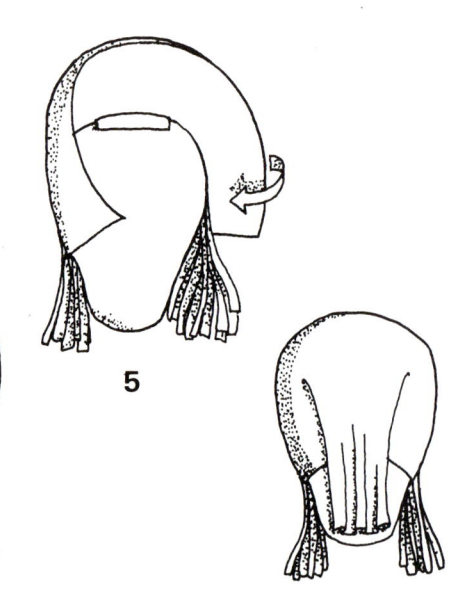

Für den Besenstiel rollt man ein langes Stück schwarzes Glanzpapier zusammen (7). Die Borsten des Besens bestehen aus doppelt gelegtem gelbem Kreppapier, das in Fransen geschnitten am Besenstiel festgeklebt und zusätzlich mit Draht umwickelt wird (8). Der fertige Besen wird an die Hände der Hexe geklebt.

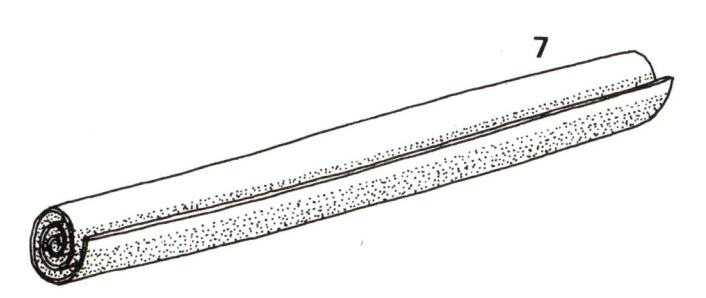

König und Ritter

Bei dem König beginnt man wieder, wie bei den anderen Puppen, mit dem Gesicht. Zuerst klebt man die Nase und die Augenlider an (1).

Bart und Schnurrbart werden, wie das Haar, aus Kreppapier geschnitten. Die Krone besteht aus Goldpapier, das mit kleinen Kugeln aus bunter Metallfolie besetzt ist (2).

Das Gewand des Königs wird in zwei Farben gearbeitet. Das dunkelrosa Oberteil ist ein Rechteck mit einem gezackten Rand und wird verziert. Man klebt es auf ein rechteckiges Stück weißes Kreppapier. Wie bei den anderen Puppen wird das Kleid am Hals befestigt (3).

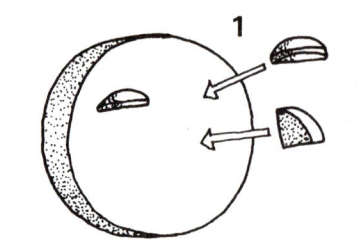

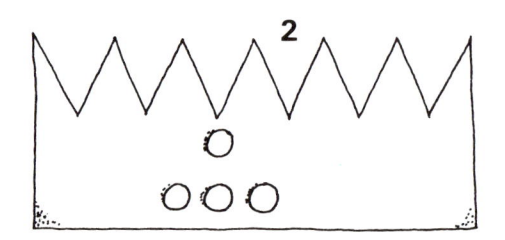

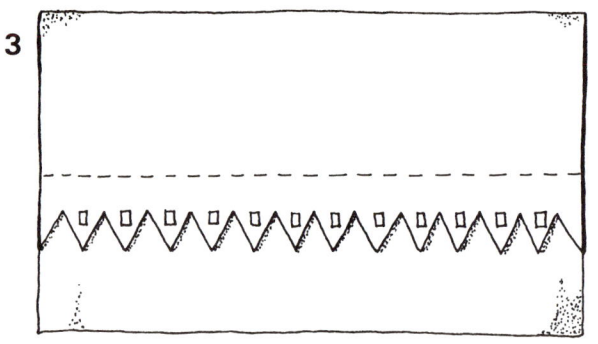

Für das Gesicht des Ritters braucht man Ohren, Augenlider und Nase (4).

Der Schnurrbart ist ein Stück Papier, das an den Seiten in Fransen geschnitten, in der Mitte einmal umgedreht und dann aufgeklebt wird (5).

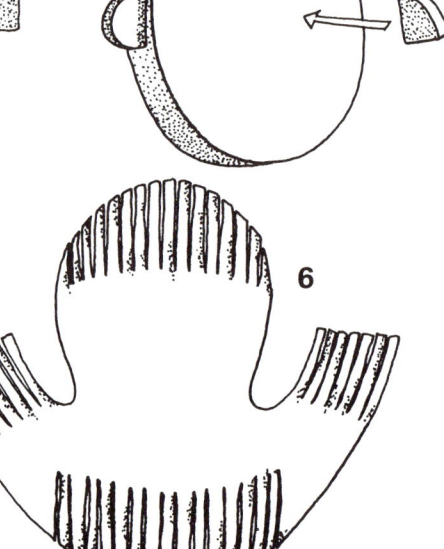

Das Haar schneidet man nach der Zeichnung (6) aus schwarzem Papier aus.

Man klebt es so auf den Kopf, daß die Koteletten vor den Ohren sitzen. Am Hinterkopf klebt man noch zusätzliche Haarteile an (7). Der Körper wird auf die gleiche Weise wie bei den anderen Puppen gebastelt.

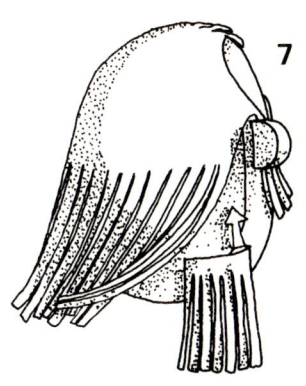

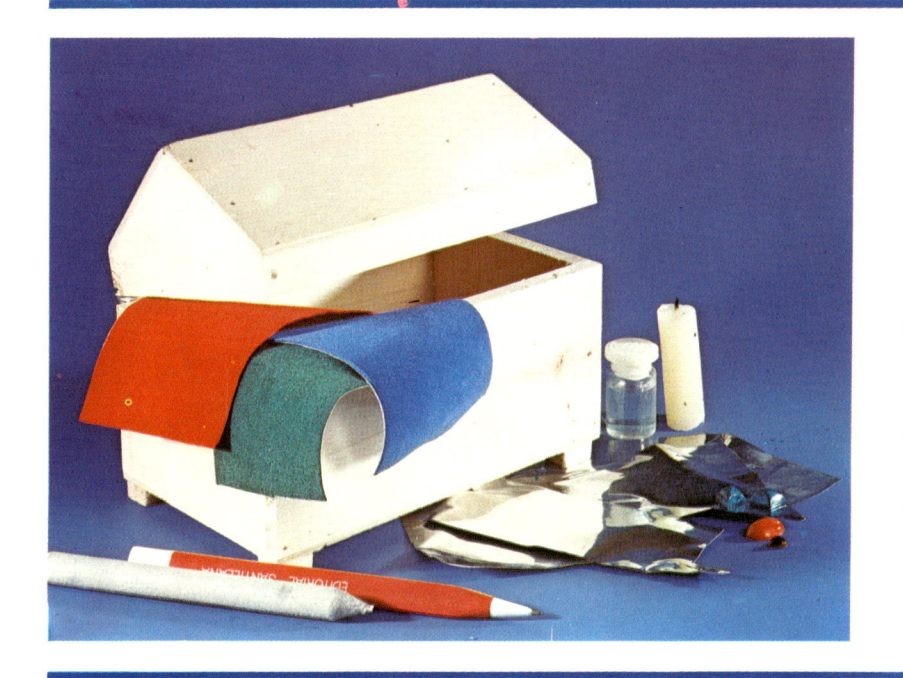

MATERIAL:
- Holzkästchen
- Stanniolpapier
- Schmucksteine
- leerer Kugelschreiber
- Wischer
- Wachs oder Plastilin
- selbstklebende Velourfolie
- Schere

Kästchen

Stanniolpapier ist eine Metallfolie, die sich in jede Form biegen läßt, deshalb eignet es sich sehr gut zum Verkleiden von verschiedenen Gegenständen, zum Beispiel von Holzkästchen.

Die Verkleidung für das Kästchen besteht aus den Teilen, die auf der Zeichnung (7) auf Seite 24 abgebildet sind. Die Maße richten sich nach der Größe des Kästchens. Zuerst schneidet man aus Papier eine Schablone, auf die man das Motiv zeichnet (1). Anschließend paust man dieses Motiv mit einem leeren Kugelschreiber in die einzelnen Felder auf die Rückseite des Stanniolpapiers (2).

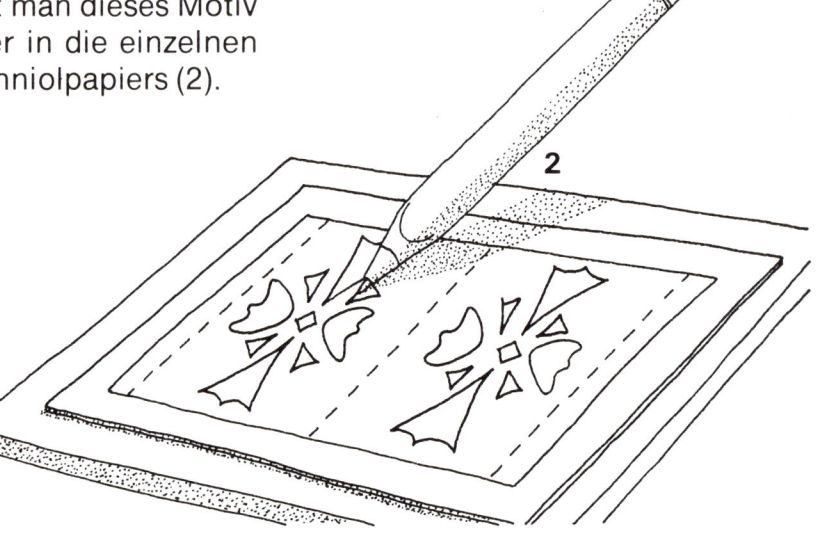

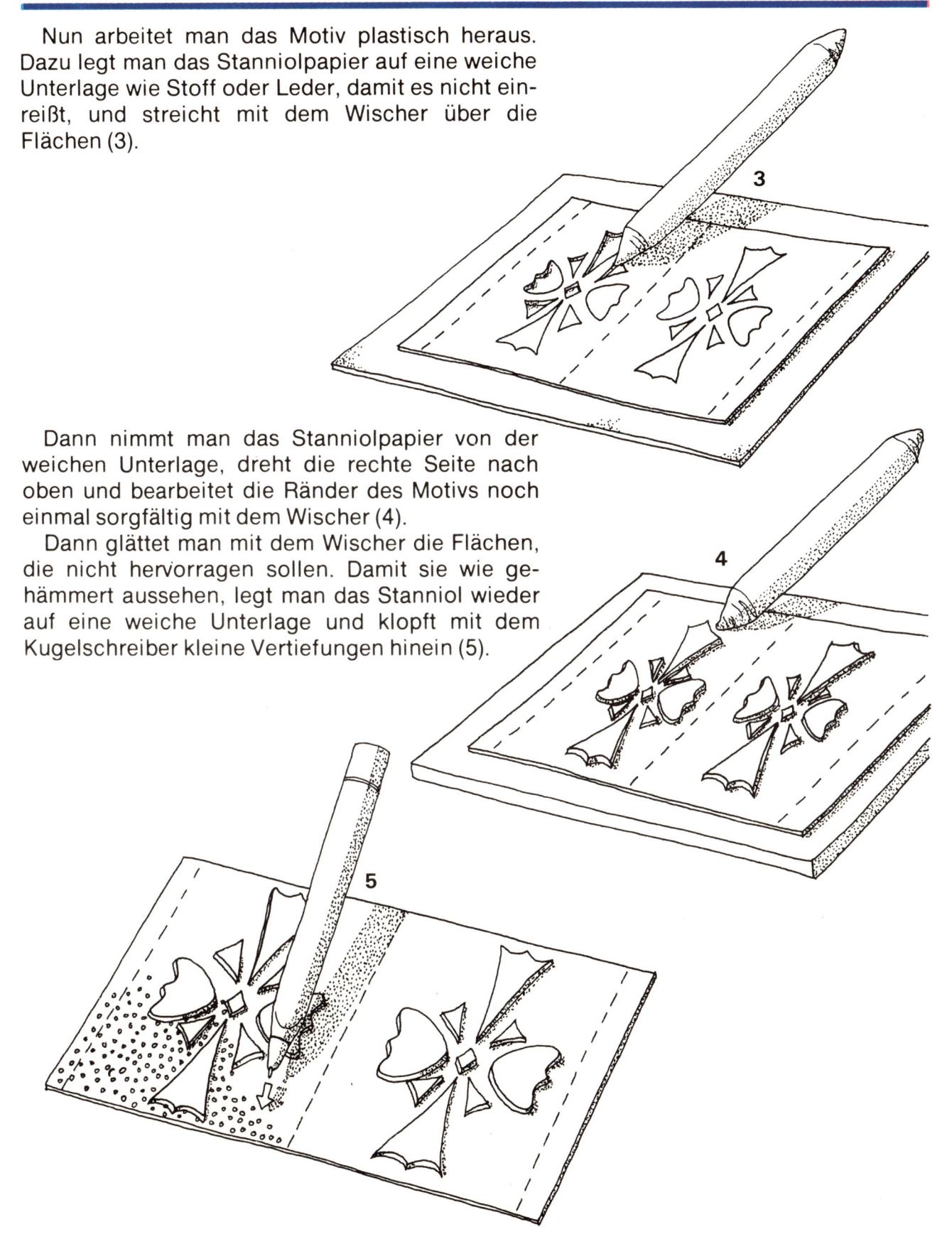

Nun arbeitet man das Motiv plastisch heraus. Dazu legt man das Stanniolpapier auf eine weiche Unterlage wie Stoff oder Leder, damit es nicht einreißt, und streicht mit dem Wischer über die Flächen (3).

Dann nimmt man das Stanniolpapier von der weichen Unterlage, dreht die rechte Seite nach oben und bearbeitet die Ränder des Motivs noch einmal sorgfältig mit dem Wischer (4).

Dann glättet man mit dem Wischer die Flächen, die nicht hervorragen sollen. Damit sie wie gehämmert aussehen, legt man das Stanniol wieder auf eine weiche Unterlage und klopft mit dem Kugelschreiber kleine Vertiefungen hinein (5).

▶ *Damit das herausgearbeitete Muster nicht eingedrückt wird, füllt man es mit ein wenig flüssigem Wachs oder Plastilin aus (6).*

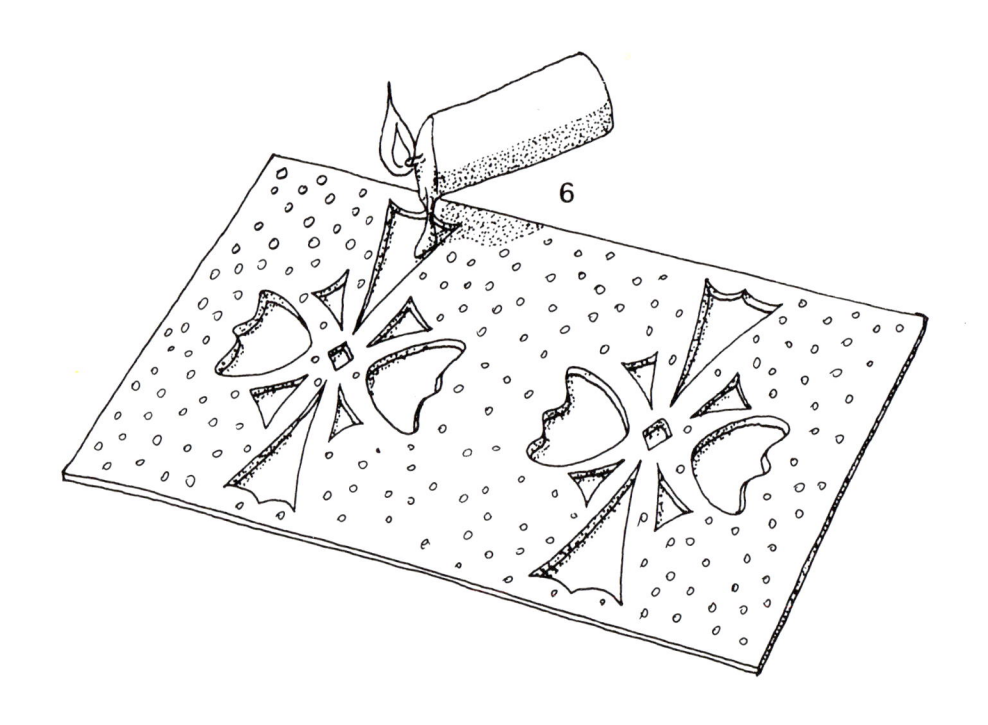

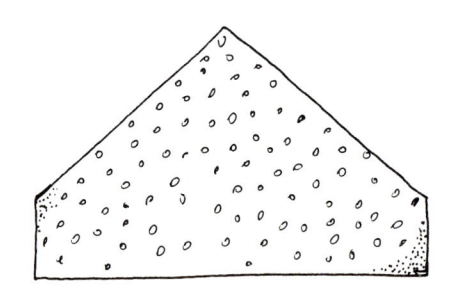

Nun braucht man nur noch die einzelnen Teile (7) auf das Holzkästchen zu kleben und die Kanten gut anzudrücken (8).

Innen kann man das Kästchen mit farbiger Velourfolie auskleiden.

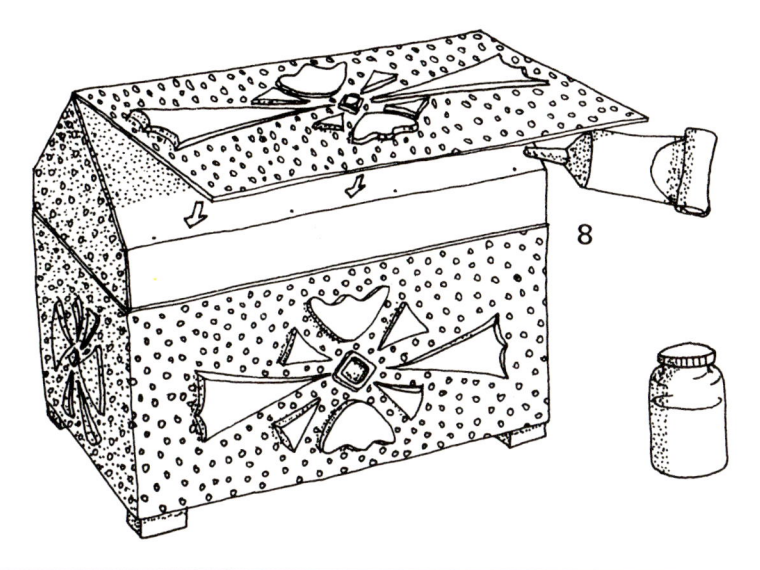

Noch mehr Kästchen

Das erste dieser beiden Kästchen läßt sich genauso leicht arbeiten wie das vorige. Die in der Zeichnung (1) angegebenen Linien werden mit dem Stift auf der linken Seite des Stanniols eingedrückt. Die übrige Fläche wird auf dem Tisch mit dem Wischer geglättet.

▶ *Die geraden Rillen kann man mit einer dünnen Schnur oder mit Plastilin ausfüllen, damit sie sich nicht eindrücken.*

Nachdem die Folie auf das Holzkästchen geklebt ist, zeichnet man mit dem Kugelschreiber in jedes Viereck eine Raute (2).

Die Schmucksteine werden in die Mitte der Rautenmuster geklebt.

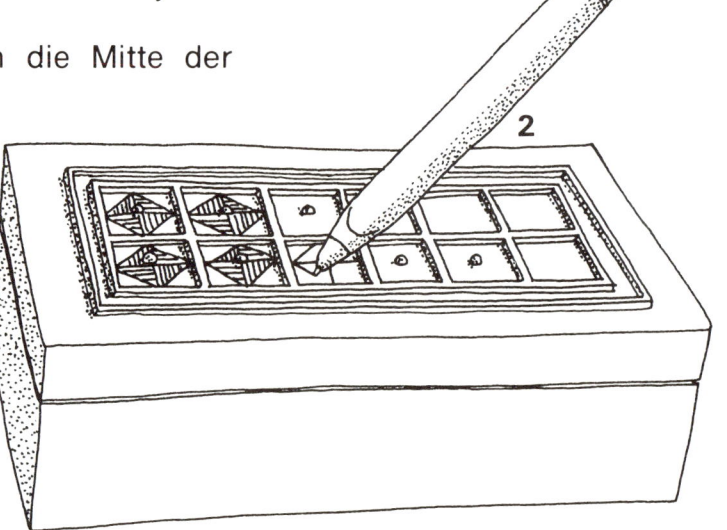

Das Kästchen mit dem Blumenmuster wird rundherum mit unbearbeitetem Stanniol verkleidet. Auf das Teil für den Deckel zeichnet man das Motiv (3). Die Linien der Blütenblätter werden zuerst auf einer weichen Unterlage auf der Rückseite des Stanniols modelliert (4).

Dann formt man auf der rechten Seite die erhabenen Ränder der Blütenblätter (5). Die Blattmitte wird mit dem Wischer geglättet (6).

In die Mitte der Blüte klebt man einen Schmuckstein. Zum Schluß kritzelt man mit dem leeren Kugelschreiber Linien auf das Stanniol, damit es geriffelt aussieht.

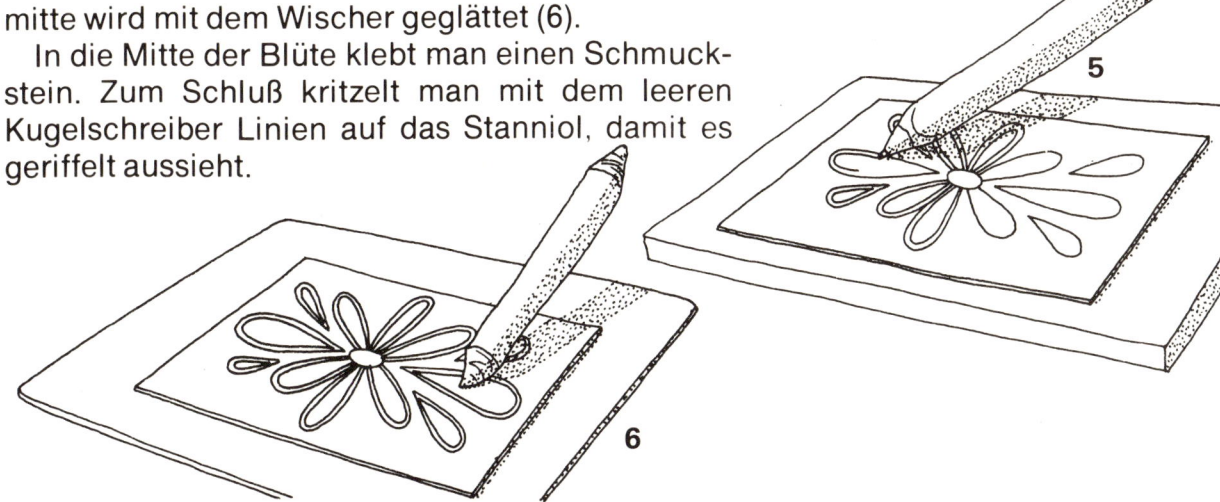

MATERIAL:
- Naturfarbenes und braunes geflochtenes Sisalgarn
- Nadel mit großem Öhr
- dünner Bindfaden
- farbloses Nylongarn
- Stecknadeln

Untersetzer

Man beginnt mit dem runden Mittelstück. Das Ende des Sisalgarns wird mit dünnem Bindfaden oder mit Nylongarn umwickelt, damit der Zopf nicht aufgeht (1).

Nun dreht man das Sisalgarn zu einer Spirale mit vier oder fünf Windungen (2).

Man schneidet das Sisalgarn ab und umwickelt das Ende mit Bindfaden, damit es nicht aufgeht. Man schneidet den Bindfaden nicht ab, sondern fädelt ihn in eine Nadel. Dann führt man die Nadel quer durch die Spirale und vernäht den Bindfaden auf der anderen Seite (3).

▶ *Am besten legt man die Spirale auf einen Tisch oder eine andere ebene Unterlage, damit sie nicht verrutscht.*

Man nimmt nun Sisal in einer anderen Farbe, umwickelt das eine Ende und befestigt es am Ende der Spirale (4).

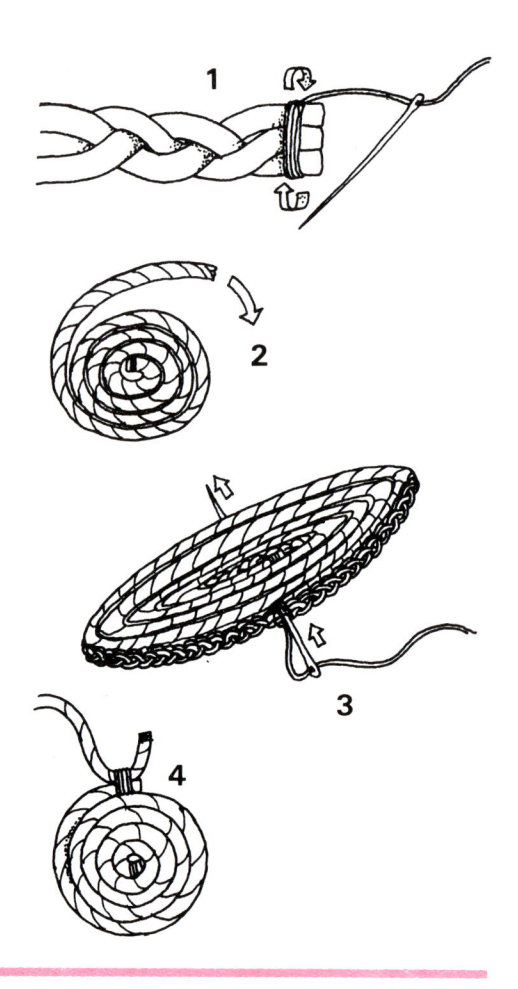

Um das Mittelstück werden jetzt acht gleich große Schlaufen gelegt und jede mit ein paar Stichen am Rand des Mittelstücks angenäht (5).

Dann umwickelt man das andere Ende und verbindet die beiden Enden (6).

Auf die Schlaufen folgen drei Reihen in der gleichen Farbe wie das Mittelstück. Man umwickelt das eine Ende des Sisals, legt es dreimal um die Schlaufen und umwickelt das andere Ende (7).

Diese drei Runden werden mit großen Stichen an den Schlaufen festgenäht (8).

▶ *Sollten bei einem dieser Arbeitsschritte Stränge oder Fransen des Sisalgarns sich lösen oder reißen, befestigt man sie mit Stecknadeln und näht sie an, damit sich nicht die ganze Arbeit auflöst.*

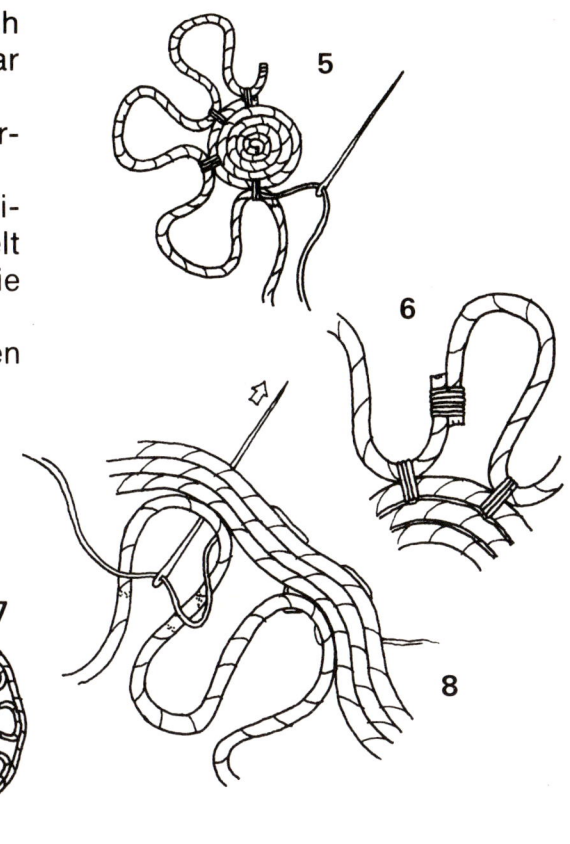

Mehr Untersetzer

Dieser Untersetzer wird genauso wie der vorige gearbeitet. Das Mittelstück besteht aus acht Runden, um die zwölf Schlaufen gelegt werden (1).

Auf die Schlaufen folgen zwei Runden in der gleichen Farbe wie das Mittelstück. Rundherum werden zwölf Spiralen aus je sechs Runden angenäht. Damit es einfacher ist, legt man zwei auf einmal, wie auf der Zeichnung (2) gezeigt. Alle Teile werden aneinander festgenäht.

Zum Abschluß näht man einen Sisalfaden in der Farbe der Schlaufen um die Doppelspiralen.

Der ovale Untersetzer wird hauptsächlich aus Schlaufen gearbeitet. Man beginnt mit zwei Schlaufen, die wie auf der Zeichnung (3) aneinander genäht werden. Um die Schlaufen legt man mit dem gleichen Faden zwei Runden.

Nun nimmt man eine andere Farbe, legt eine weitere Runde und formt zwölf Schlaufen, die man wie die ersten Schlaufen aneinander näht (4).

Dann folgen zwei Runden in der gleichen Farbe. Man wechselt die Farbe und legt eine Runde und 16 Schlaufen, denen zwei Runden folgen.

Zum Abschluß nimmt man wieder die andere Farbe, legt damit eine Runde und näht darauf viele kleine, lose Schlaufen (5).

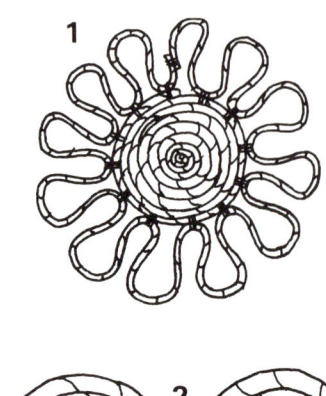

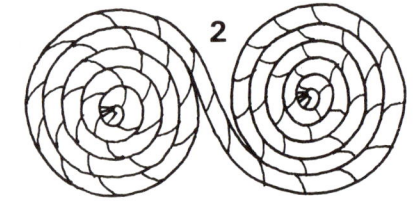

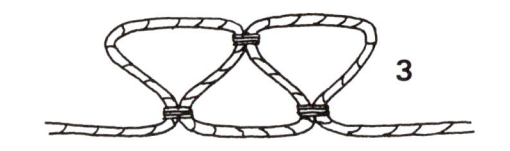

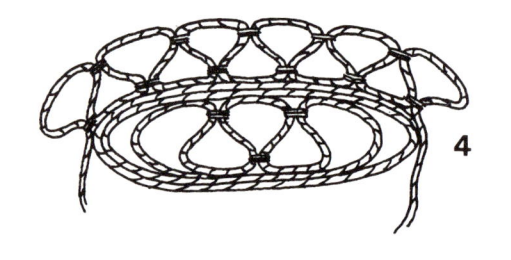

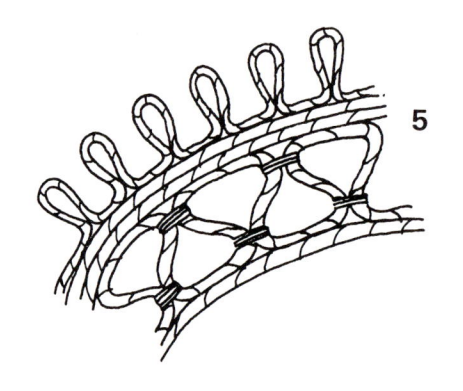

31

MATERIAL:
- Peddigrohr
- Nagelbohrer
- dünnes Holzbrett
- farbloser Lack

Untersetzer für Gläser

Zu Beginn dieser Arbeit legt man sechs gleich lange Peddigrohrstücke und eines, das nur halb so lang ist, wie auf der Zeichnung (1) aufeinander. Auf diese Weise erhält man ein Gerippe aus 13 „Speichen".

Nun beginnt man mit einem neuen Peddigrohr von der Mitte aus zwei Runden zu weben, indem man es abwechselnd über und unter einer Speiche durchführt (2).

▶ *Peddigrohr läßt sich leichter verarbeiten, wenn man es vorher über Nacht in Wasser einweicht. Wenn die Arbeit fertig ist, trocknet das Peddigrohr und zieht sich zusammen; dadurch wird die Flechtarbeit dichter und fester.*

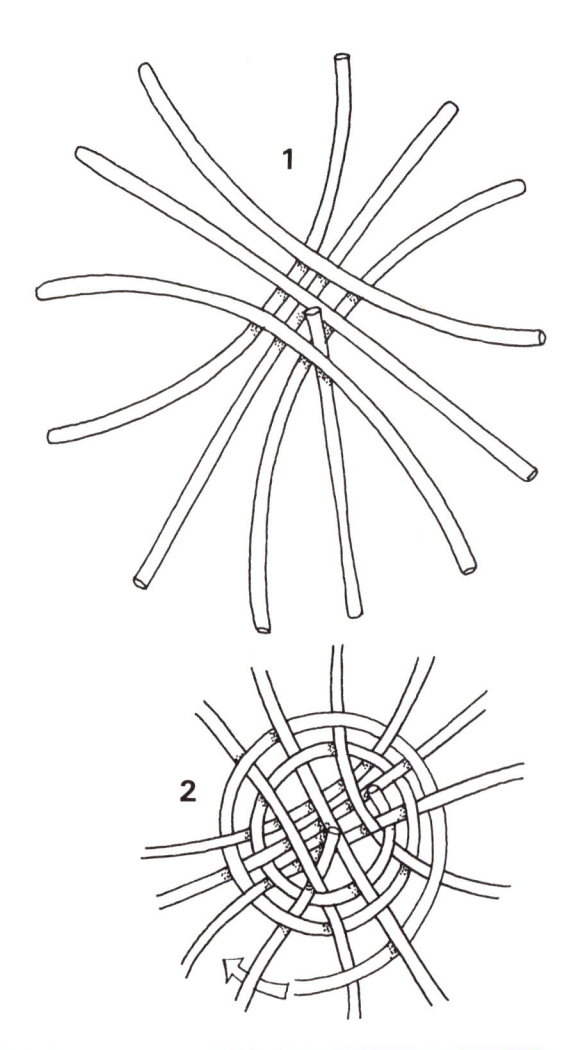

Auch bei den folgenden Runden wird das Flechtrohr abwechselnd über und unter eine Speiche geführt, jedoch über Kreuz mit der vorhergehenden Runde, wie auf der Zeichnung (3) gezeigt.

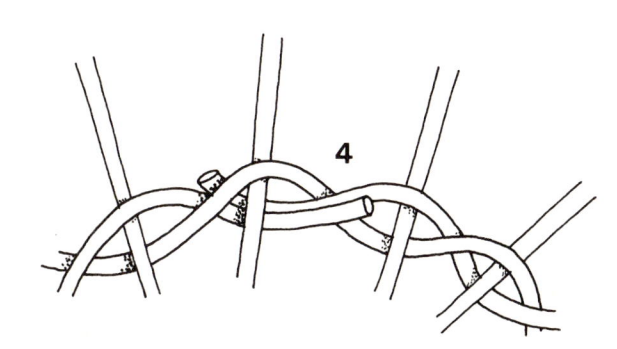

Wenn ein neues Rohr genommen wird, webt man den Anfang ein kleines Stück mit dem Ende des vorigen zusammen (4).

Hat man den gewünschten Durchmesser erreicht, werden die Speichen befestigt, indem man sie umbiegt und das Ende wie auf der Zeichnung (5) ins Gewebe zurücksteckt.

Zum Schluß kann man den fertigen Untersetzer mit farblosem Lack anstreichen; dazu muß das Peddigrohr aber erst ganz trocken sein.

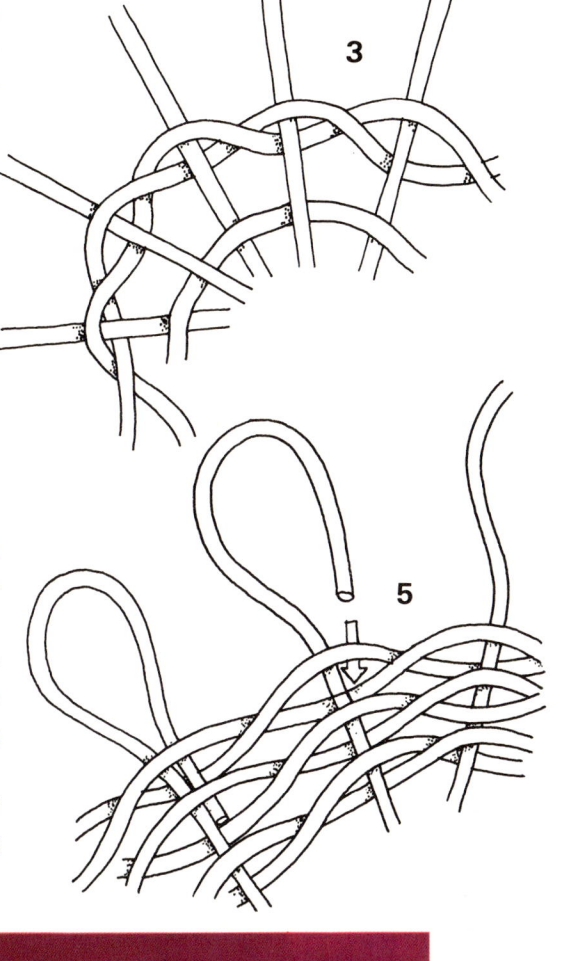

Lampenschirm

Für den Lampenschirm legt man die „Speichen", wie bei dem Untersetzer auf der vorigen Seite, übereinander. Diesmal werden sie doppelt gelegt, und es sind insgesamt fünfzehn (1).

Nachdem man ein paar Reihen gewebt hat, biegt man die Speichen leicht nach unten und arbeitet in der üblichen Weise weiter: Man führt das Rohr abwechselnd über und unter eine Speiche (2).

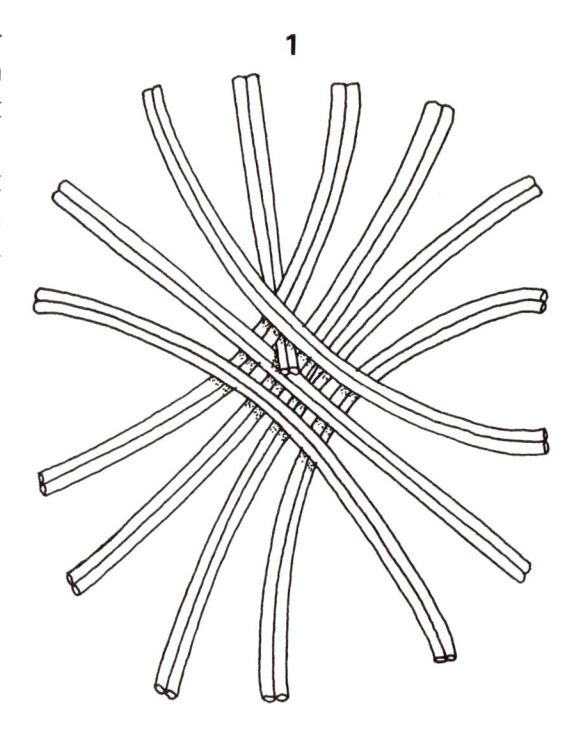

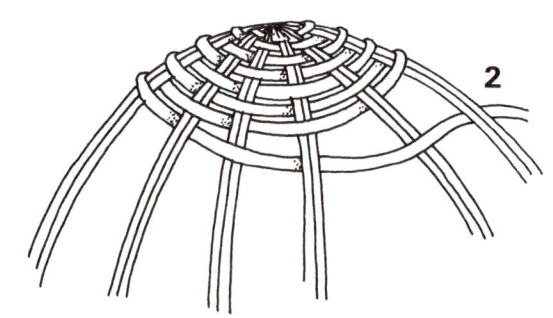

Die drei letzten Runden werden wie bei dem vorigen Beispiel über Kreuz geflochten. Man beendet die Arbeit mit Bögen. Dazu nimmt man eines der beiden Rohre, aus denen eine Speiche besteht, und steckt es neben der nächsten Speiche ins Gewebe zurück. Bei der nächsten Speiche wird eines der beiden Rohre abgeschnitten und nur eines ins Gewebe zurückgesteckt (Zeichnung 3).

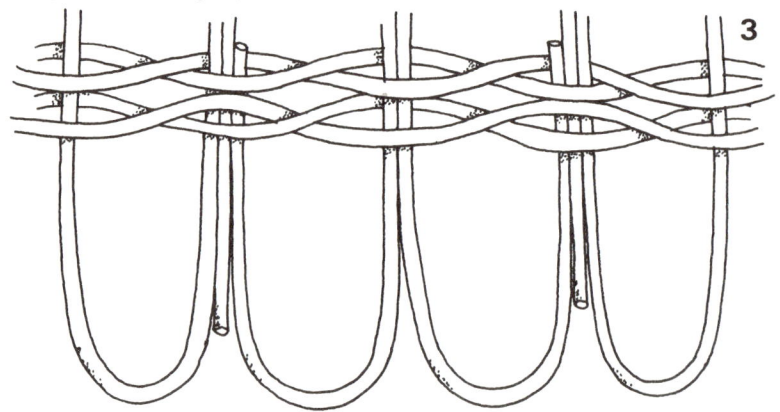

35

Tablett

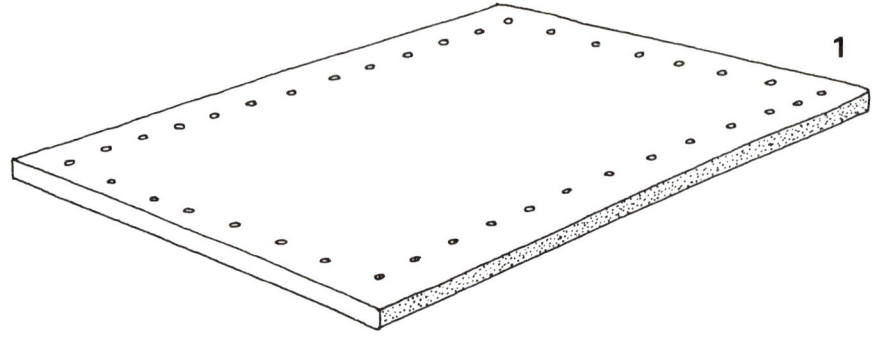

Für das Tablett braucht man ein dünnes Holzbrett, in das man mit dem Bohrer wie auf der Zeichnung (1) in gleichmäßigen Abständen Löcher bohrt.

Nun führt man die Peddigrohre wie auf der Zeichnung (2) durch die Löcher und webt acht einfache Runden, abwechselnd über und unter diese Rohre.

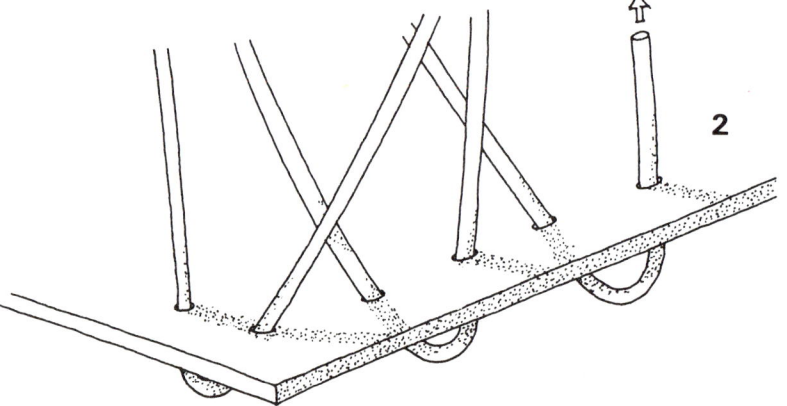

Man läßt ein Stück frei und webt dann sechs Runden.

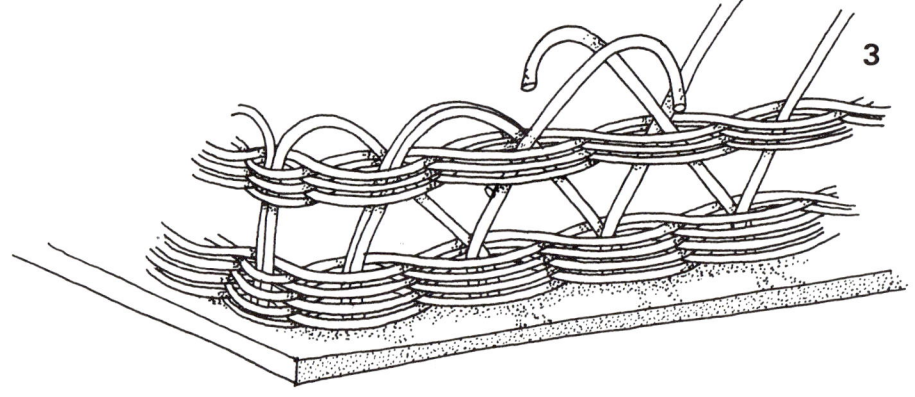

Zum Abschluß führt man jedes Rohr in einem Bogen neben das nächste und befestigt es, indem man es ins Gewebe zurücksteckt (3).

Wenn das Peddigrohr trocken ist, kann man das Tablett mit farblosem Lack überstreichen (4).

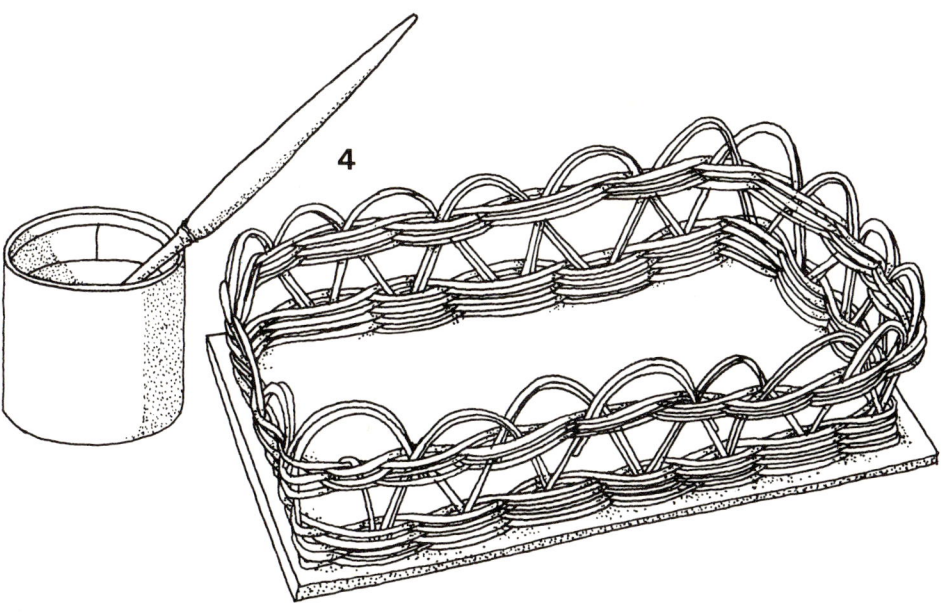

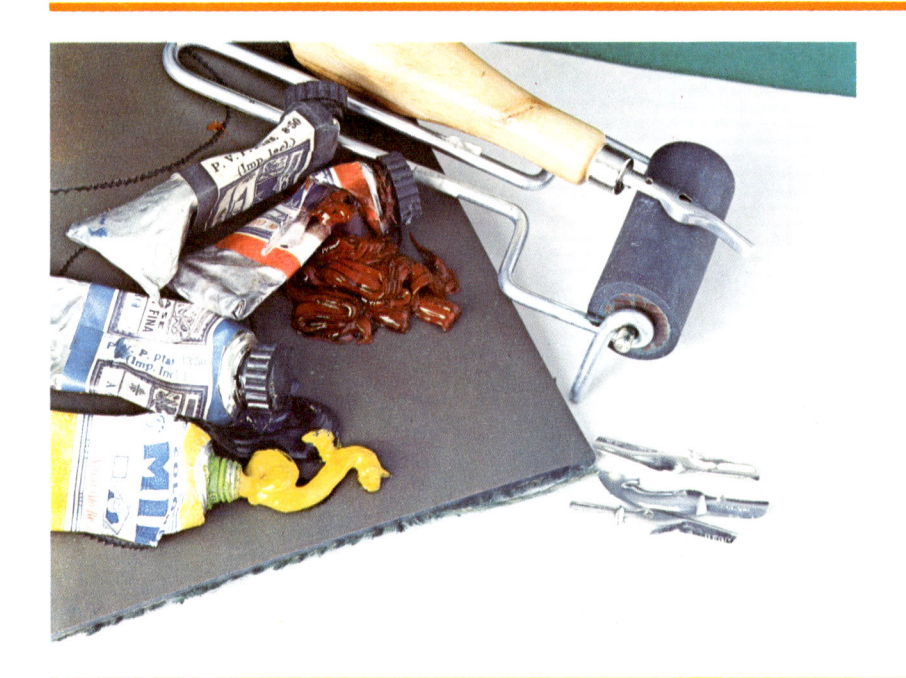

MATERIAL:
- Linoleumplatte
- Linolschnittmesser und Schaft
- Ölfarben
- Leinöl und Sikkativ
- Terpentin
- Farbwalze
- saugfähiges Papier
- Bürste

Vogel

Auf die Linoleumplatte zeichnet man das Motiv, das man schneiden möchte; bei unserem Vorschlag ist es ein Vogel (1).

Am besten benutzt man einen Stift, dessen Strich sich leicht ausradieren läßt, damit man die Zeichnung notfalls korrigieren kann.

Nun schneidet man mit dem Linolschnittmesser entlang den vorgezeichneten Linien, so daß Rillen entstehen (2).

▶ Damit man sich bei dieser Arbeit nicht verletzt, kann man die Linoleumplatte mit einer Schraubzwinge an einer Tischplatte befestigen; allerdings kann man dann die Platte nicht drehen, wenn man z.B. gebogene Linien schneiden will. Praktischer ist es darum, das Linoleum mit der freien Hand festzuhalten, und zwar immer hinter der Hand, mit der das Messer geführt wird.

Hat man alle Linien ausgeschnitten, säubert man die Linoleumplatte mit einer harten Bürste (3).

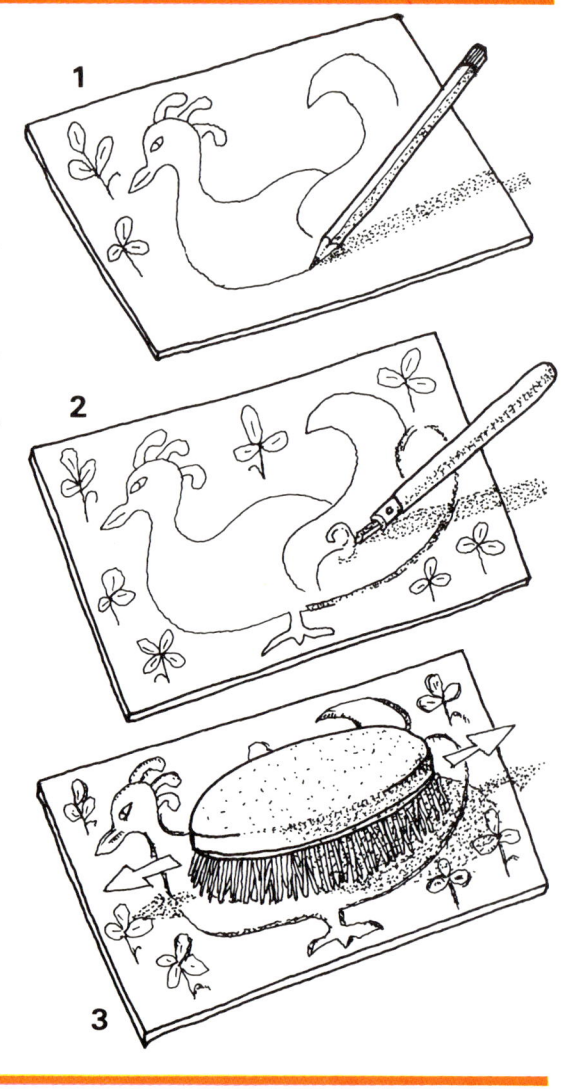

Anschließend mischt man die Farbe aus Ölfarbe, Leinöl und Sikkativ.

Die angerührte Farbe wird in eine flache Schale oder auf ein Tablett gegossen, so daß man die Farbwalze damit tränken kann (4).

Die mit Farbe getränkte Walze rollt man vorsichtig über die Linoleumplatte (5).

Dann legt man ein Blatt saugfähiges Papier darauf. Man streicht das Papier mit der Hand ganz glatt und hebt es vorsichtig ab (6). Man läßt es trocknen und faßt es dabei ganz vorsichtig an, damit die Farbe nicht verschmiert.

Von einem Linoleumschnitt kann man beliebig viele Abzüge machen. Man kann auch eine andere Farbe verwenden, muß aber zuvor die Platte und die Walze mit Terpentin reinigen.

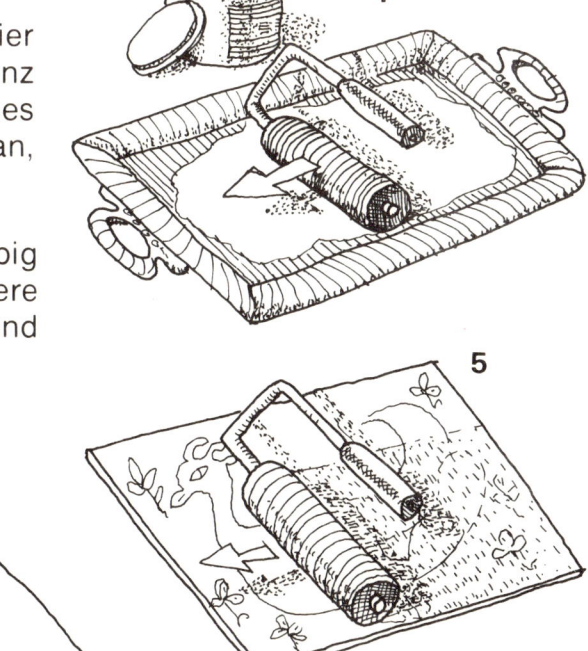

Blumen

Dieser hübsche Blumenstrauß in Violett entsteht wie der Vogel auf der anderen Seite, allerdings schneidet man nicht nur die Linien des Motivs, sondern den ganzen Hintergrund aus, so daß das Motiv stehenbleibt (1 und 2).

▶ *Man muß darauf achten, daß die einzelnen Teile des Motivs nicht zu schmal werden, damit sie sich beim Drukken nicht verbiegen und das Muster verschmieren.*

Bei den runden Blumen kommt es darauf an, daß man die Rillen und Zwischenräume sehr sorgfältig ausarbeitet, damit die Arbeit gut gelingt (3).

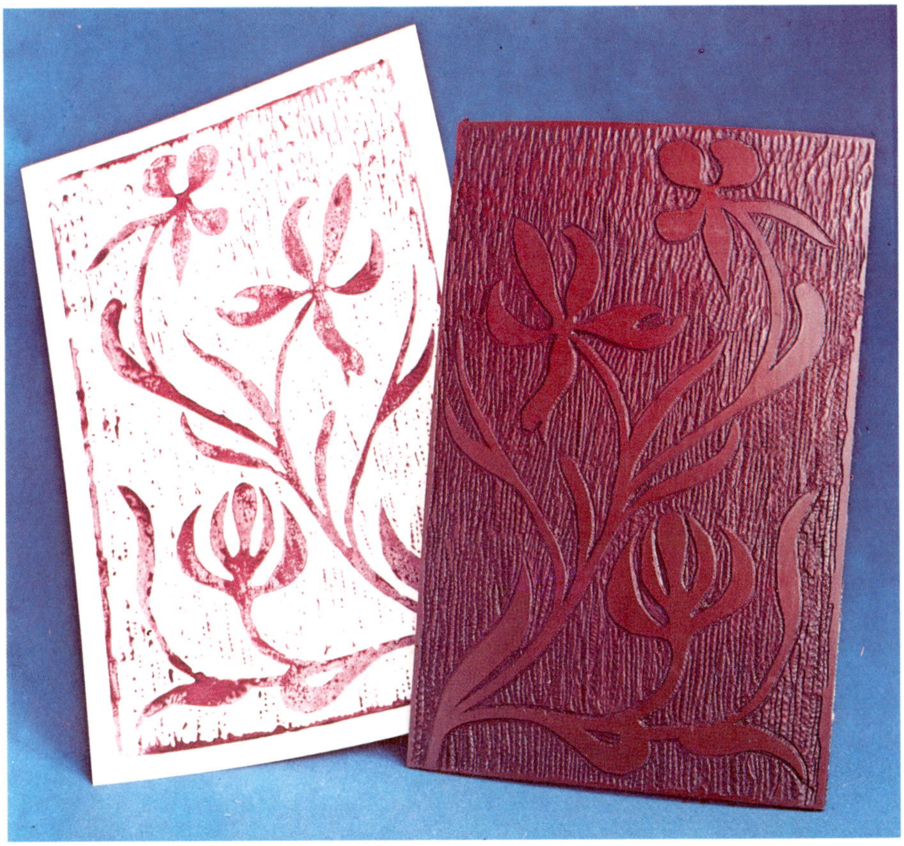

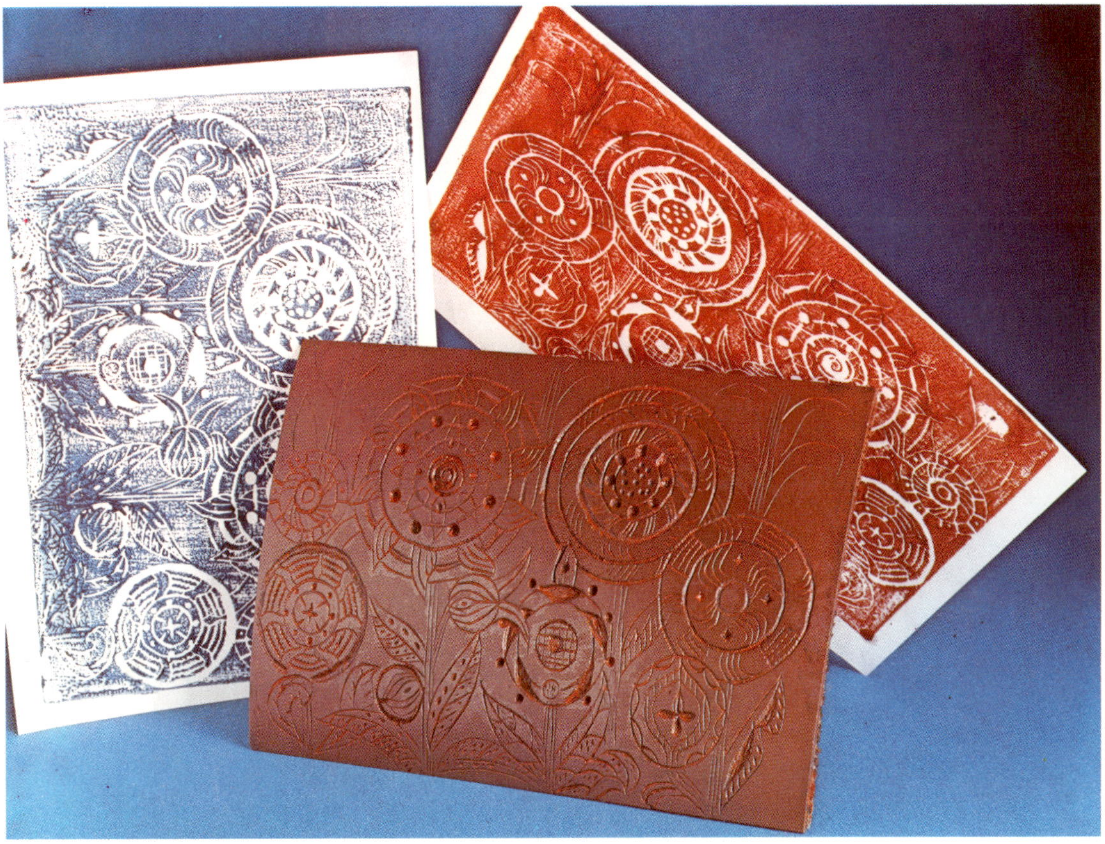

MATERIAL:
- Feingips
- Plastikbeutel
- Silberbronze
- ein Gummihandschuh
- ein Stück Stoff und Watte
- Plastilin
- Klebeband
- synthetischer Klebstoff
- Deckfarben und farbloser Lack

Briefbeschwerer

Für diese beiden originellen Briefbeschwerer braucht man zwei kleine Plastikbeutel.

Zunächst rührt man in einer Schüssel eine dickflüssige Mischung aus Gips und Wasser an (1).

▶ *Man gibt den Gips unter ständigem Rühren in das Wasser, damit sich keine Klümpchen bilden.*

Nun füllt man den angerührten Gips in die beiden Plastikbeutel; das muß sehr vorsichtig geschehen, damit die Beutel nicht platzen (2).

Der eine Beutel wird am oberen Rand mit einem Klebeband verschlossen und an einer Wäscheleine oder einer Schnur mit Klammern aufgehängt (3).

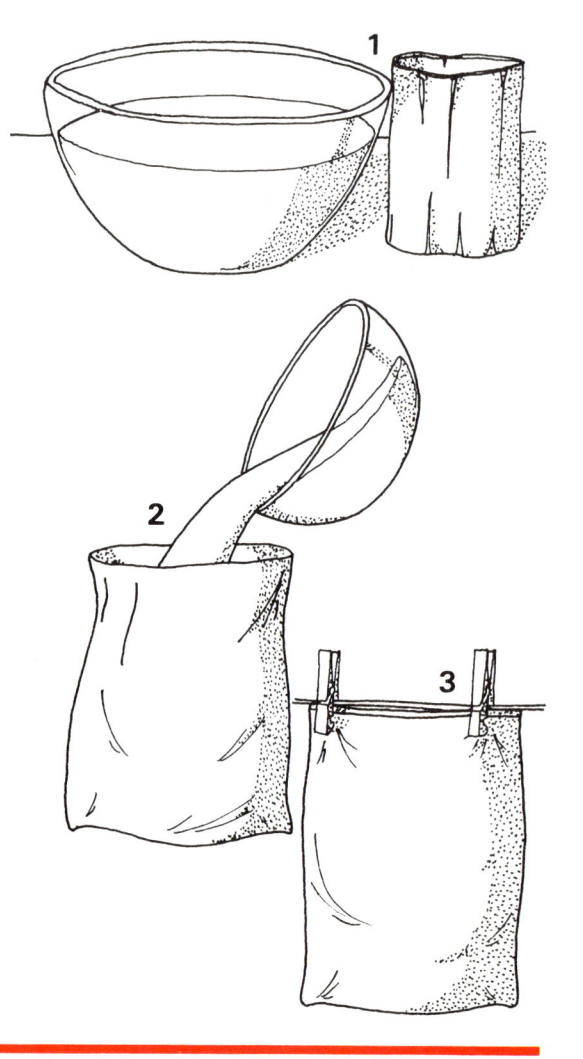

Den anderen mit Gips gefüllten Beutel stellt man auf einen Tisch. Der Rand der Beutelöffnung wird umgeknickt und mit einer Wäscheklammer zugehalten (4).

Wenn der Gips fest geworden und gut durchgetrocknet ist, nimmt man die Wäscheklammern ab, schneidet die Plastikbeutel auf und zieht sie vorsichtig ab (5).

Zum Schluß malt man die Briefbeschwerer mit Silberbronze an (6).

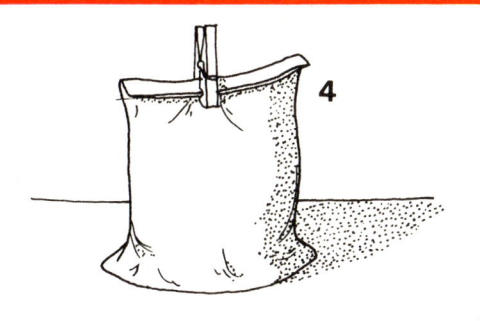

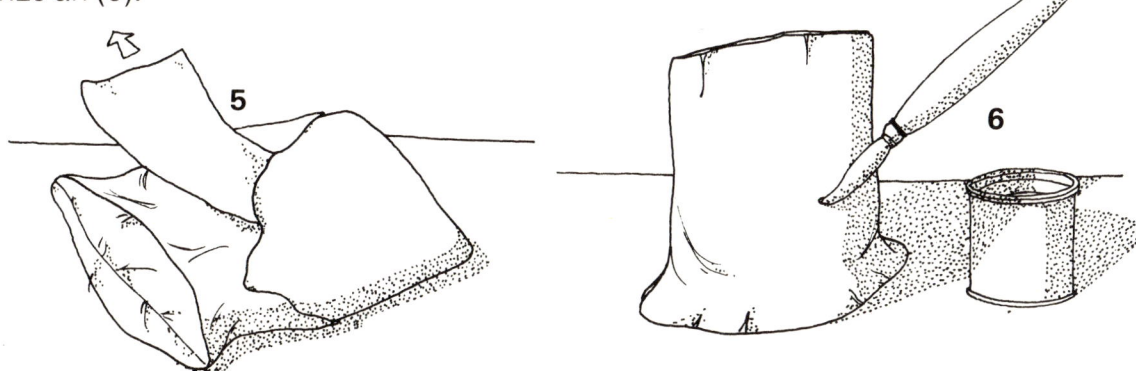

Hand und Puppe

Die Hand, an der man Ringe, Armbänder und Ketten aufbewahren kann, wird genauso wie die Briefbeschwerer aus Gips gegossen.

Man rührt die Mischung an und gießt sie in einen Gummihandschuh (1).

Dann hängt man den Handschuh mit Wäscheklammern auf und läßt den Gips trocknen (2).

Nach dem Trocknen schneidet man den Gummihandschuh auf, zieht ihn von der Hand und schmirgelt die Standfläche glatt, damit die Hand stehen kann.

Anschließend malt man sie mit Deckfarben bunt an und lackiert sie (3).

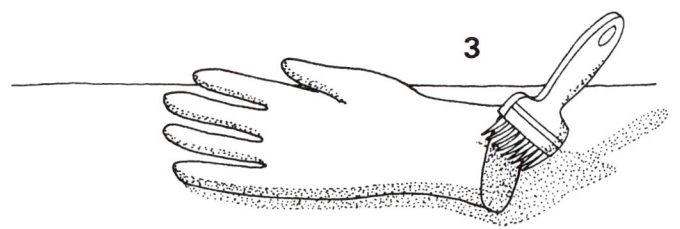

Die Puppe besteht aus einem Kopf und einem Kleid aus rotem Stoff. Man kann mit der Hand in das Kleid hineingreifen und so die Puppe wie eine Marionette bewegen (4).

Für den Kopf braucht man zunächst den Kopf einer anderen Puppe. Dann wird ein Stück Stoff mit einer Mischung aus Wasser und Klebstoff getränkt und auf das Puppengesicht gelegt. Man drückt den Stoff mit den Fingern an, damit er sich den Formen des Gesichtes gut anpaßt (5).

Wenn der Stoff auf dem Puppengesicht getrocknet ist, trägt man eine Plastilinschicht auf. Man drückt sie gut mit den Fingern an, damit sich die Formen genau abdrücken (6).

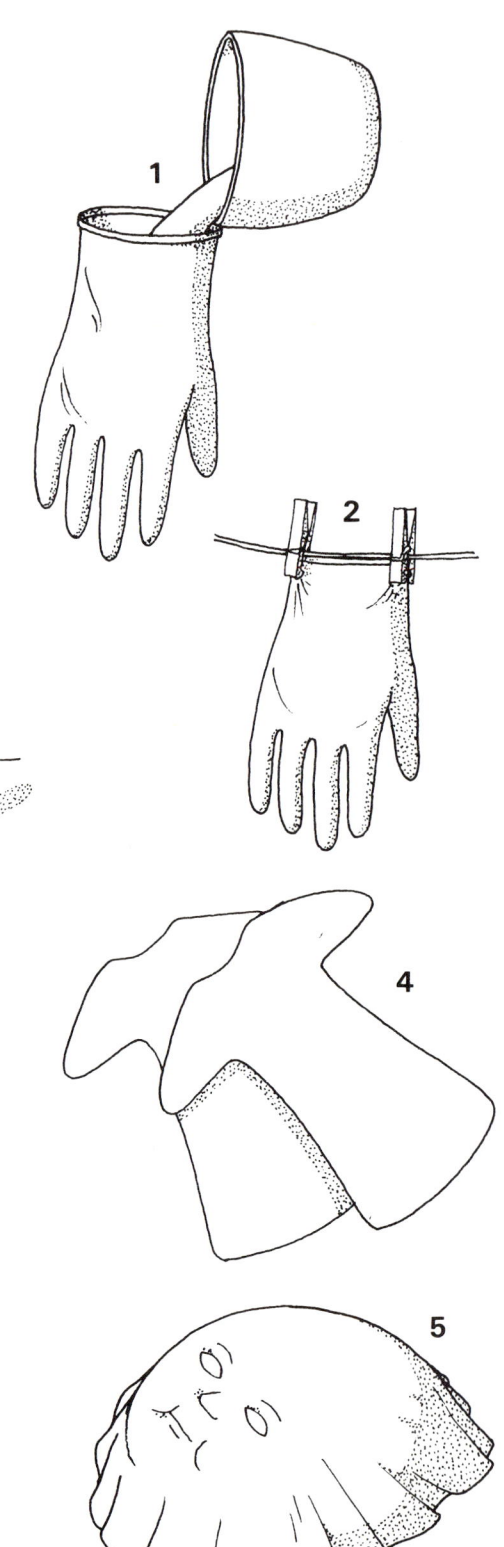

Nun hebt man das Plastilin zusammen mit dem Stoff vom Puppenkopf ab und füllt die so entstandene Gußform mit dem vorher angerührten Gips (7).

Wenn der Gips fest geworden ist, entfernt man die Gußform und bemalt das Gesicht (8).

Für den Hinterkopf klebt man ein Stück Stoff an den Rändern des Gesichts fest (9). Durch eine Öffnung, die man am Hals läßt, stopft man den Kopf mit Watte aus (10).

Auch das Haar besteht aus Watte, die auf den Kopf geklebt wird.

Der Kopf wird nun an das Kleid geklebt, und damit ist die Puppe fertig.

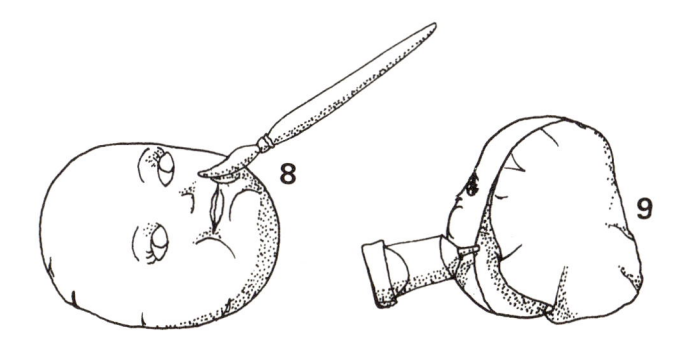

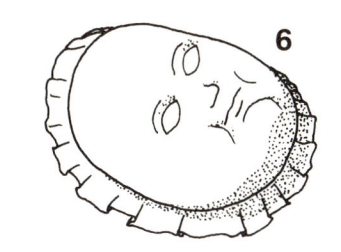

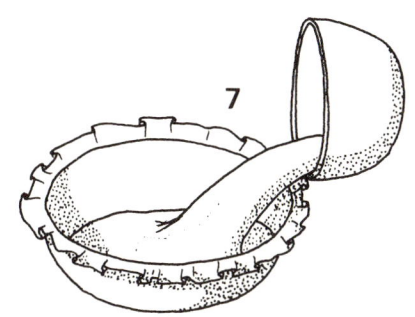

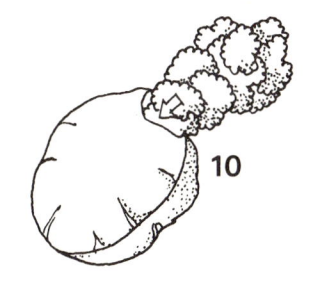

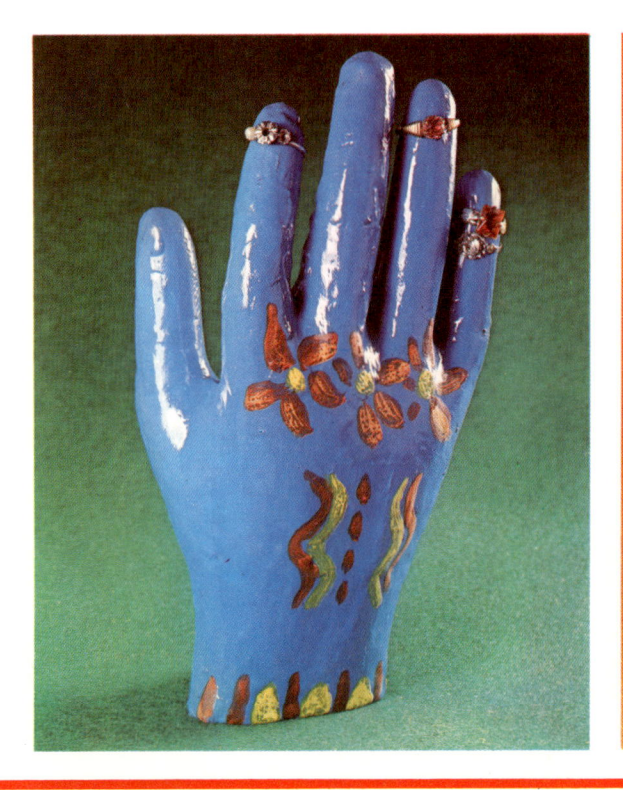

MATERIAL:
- Dicke weiße Wolle
- Schere
- Pappe

Netz

Für dieses Netz schneidet man 14 Wollfäden mit einer Länge von ungefähr zwei Metern zu. Danach spannt man einen weiteren Faden zwischen zwei Nägeln auf einem Brett (1).

Auf diesem Querfaden befestigt man die 14 Fäden, indem man sie doppelt legt und wie auf der Zeichnung anknotet (2).

Nun werden die 14 Knoten zusammengeschoben und die beiden Enden des Querfadens fest zu einem Ring verknotet (3).

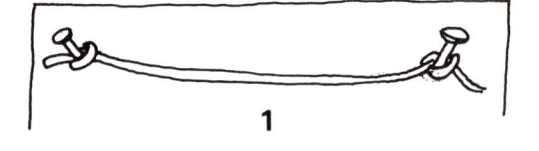

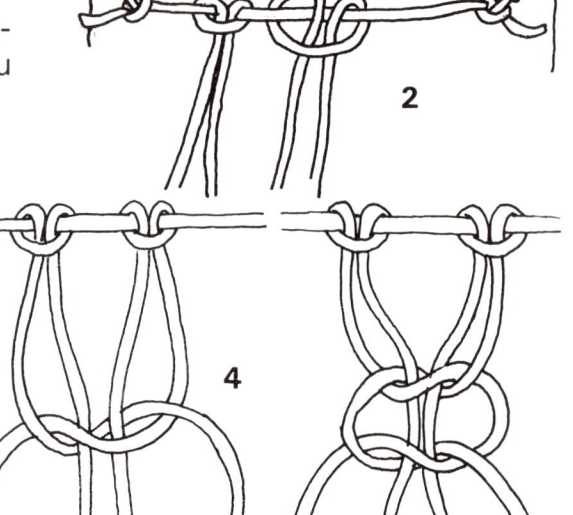

Anschließend wird die erste Reihe aus Doppelknoten geknüpft. Wie die Fäden geschlungen werden, siehst du auf der Zeichnung (4).

Die nächste Runde wird in einem etwas größeren Abstand gearbeitet, und man läßt die Fäden zwischen den beiden Reihen etwas lockerer (5).

▶ *Damit die Arbeit gleichmäßig wird, kann man sich ein Stück Pappe zuschneiden, mit dem man prüfen kann, ob die Knotenreihen im gleichen Abstand voneinander liegen. Für die zweite Runde muß man einen etwas breiteren Pappstreifen zuschneiden (6).*

Wenn man genug Reihen geknotet hat, schneidet man die überstehenden Fadenenden ab, und läßt nur vier gegenüberliegende Fäden stehen, aus denen der Griff gearbeitet wird (7).

Für den Griff werden zwei der vier Fäden über die anderen beiden geknotet (8).

Hat man beide Griffe in ausreichender Länge geknotet, schneidet man die geknoteten Fäden ab und arbeitet nun die übrigen vier Fäden, über die vorher die Knoten gelegt wurden, ineinander (9).

Nachdem man ein Stück geknüpft hat, mit dem die beiden Griffe verbunden und zusätzlich verstärkt werden, befestigt man die Fadenenden gut, und schon kann man das Netz benutzen.

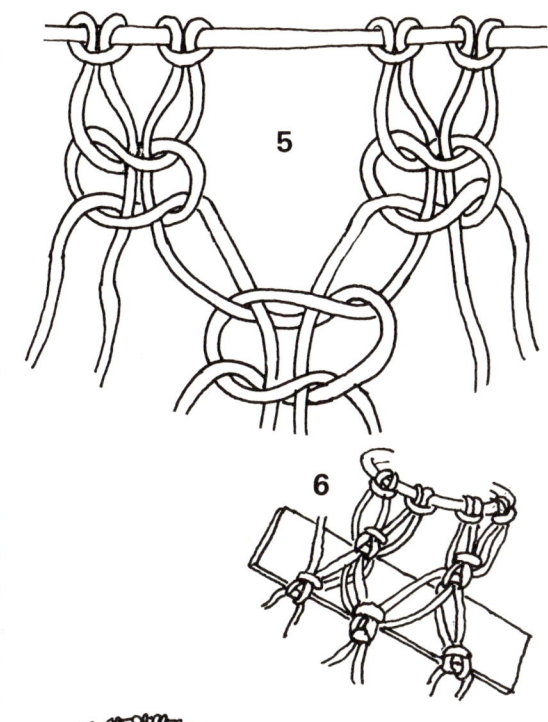

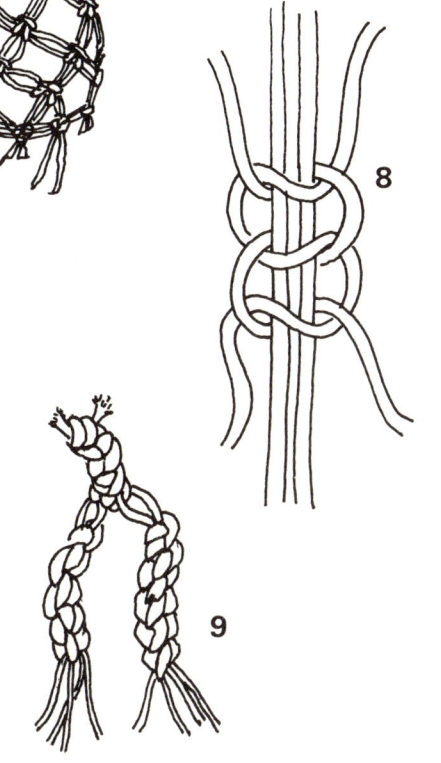

Tasche

Man schneidet 28, etwa drei Meter lange Wollfäden und knotet sie, wie bei dem vorigen Beispiel, an einen doppelten Querfaden (1).

Dann befestigt man den Querfaden wieder auf einem Brett, damit man gleichmäßig arbeiten kann.

Nun knüpft man drei Reihen Knoten und versucht, daß sie möglichst gleichmäßig voneinander entfernt sind (2).

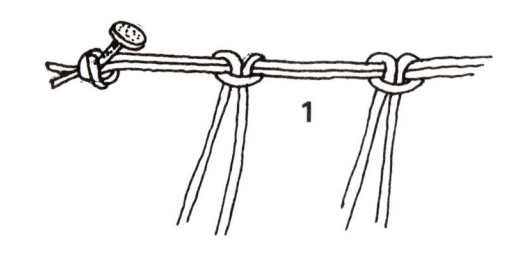

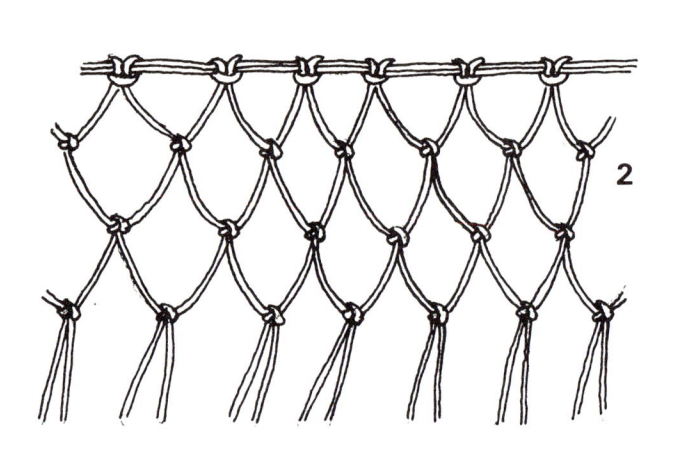

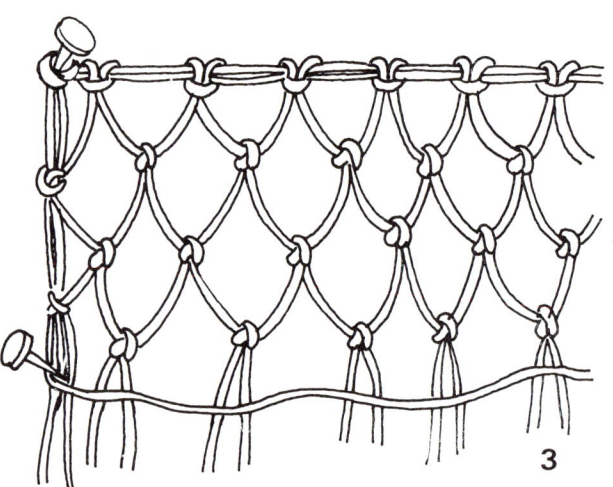

Man legt einen der äußeren Fäden quer über die übrigen Fäden (3) und schlingt diese je einmal um den querliegenden Faden (4).

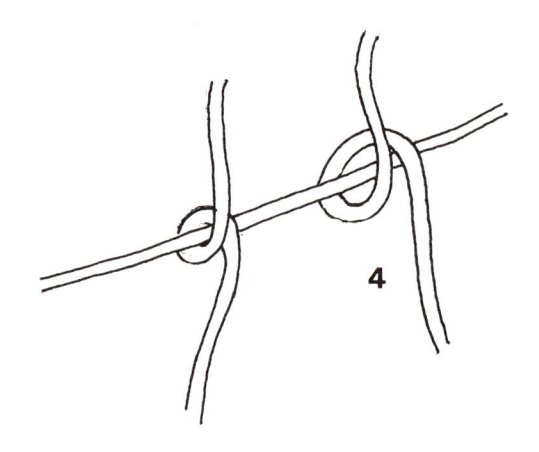

Der Faden, der außen liegt, wird verknotet und mit einem Nagel auf dem Arbeitsbrett befestigt (5). Man legt ihn quer und wickelt ihn um je vier der senkrechten Fäden (6). Wenn man am Ende der Reihe angekommen ist, führt man den Faden ein Stück nach unten, verknotet ihn wieder am Rand und legt ihn quer, so daß man die senkrechten Fäden je einmal um ihn schlingen kann (7).

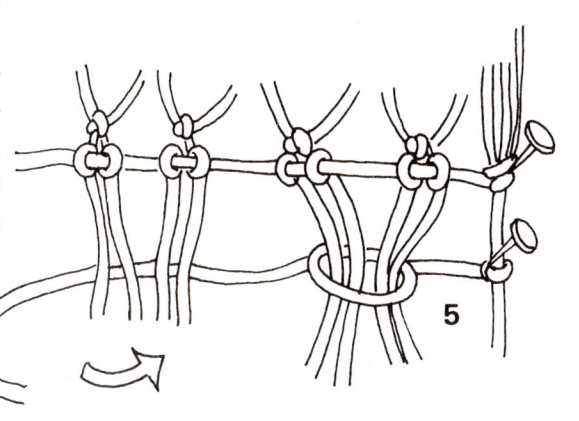

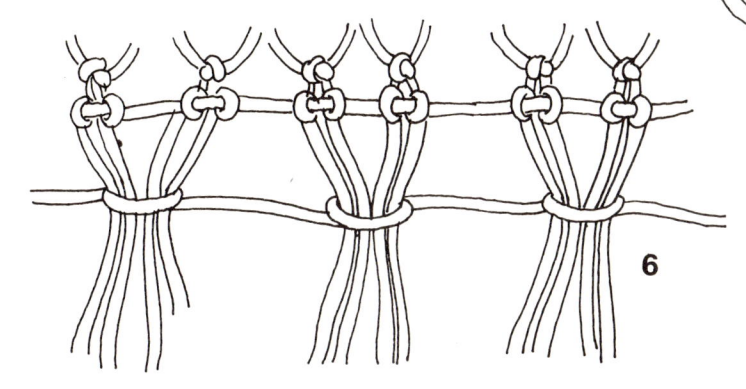

Anschließend folgen wieder ein paar Knotenreihen wie am Anfang der Arbeit. Dann wiederholt sich das Muster mit dem quer verlaufenden Faden, der je vier senkrechte Fäden zusammenfaßt. Man wiederholt die beiden Muster so oft, bis die Tasche lang genug ist.

Nach der letzten Knotenreihe schneidet man die Fäden so ab, daß sie Fransen bilden. An dem doppelten Querfaden am Anfang der Arbeit befestigt man ebenfalls eine Reihe Fransen (8).

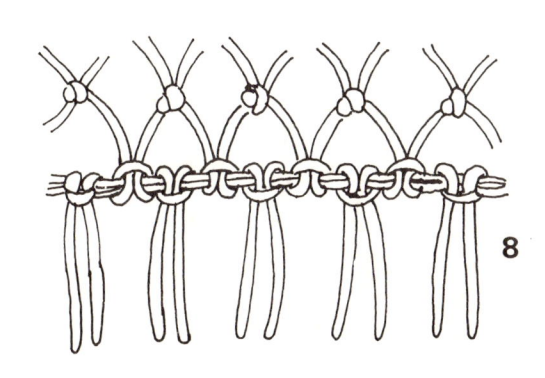

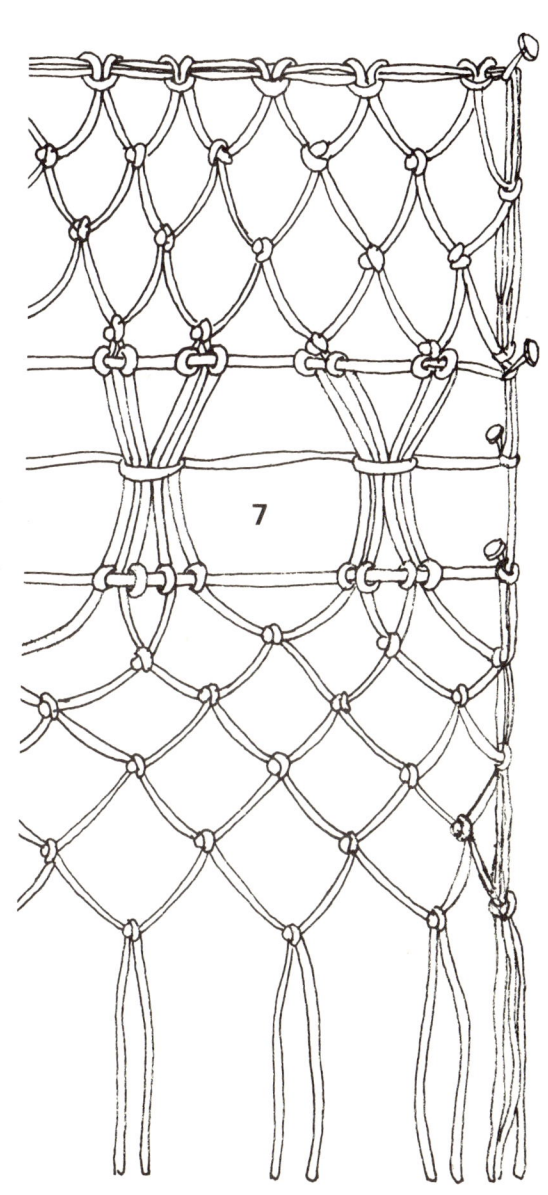

Das fertige Teil wird in der Mitte gefaltet und an den Seiten mit einem Wollfaden zusammengenäht (9). Dabei sollen die gleichen Muster aufeinanderliegen.

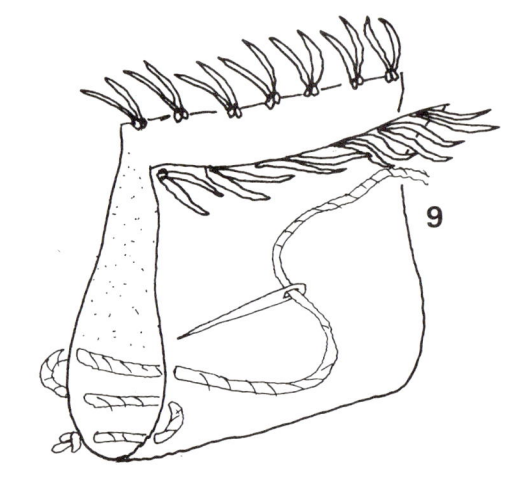

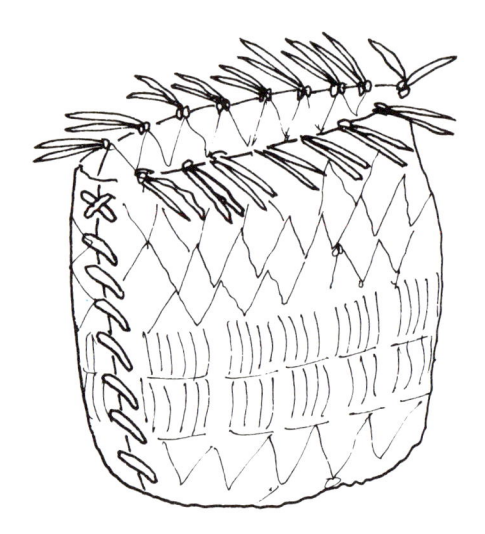

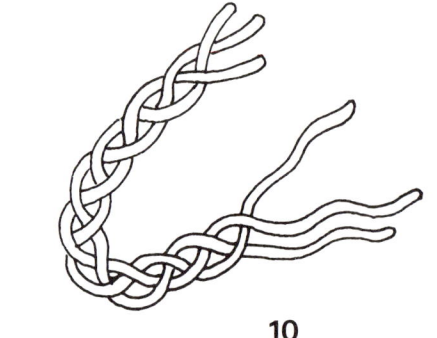

Der Griff ist ein langer Zopf aus Wollfäden, der wie auf der Zeichnung an den Seiten durch das Netz gezogen wird und dessen Enden verknotet werden (10).

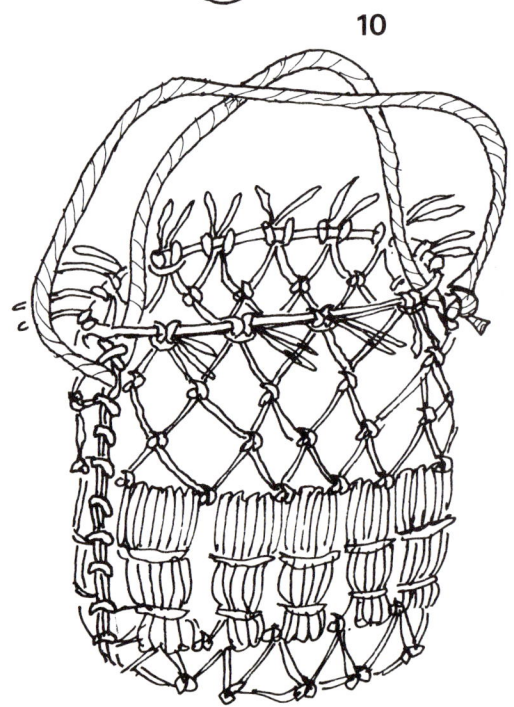

51

MATERIAL:
- Gelber Baumwollstoff
- weißer Baumwollstoff
- Textilfarben
- weißes Baumwollgarn
- Schere
- zwei Holzleisten
- Salz
- Gefäß

Vorhang

Man löst die grüne Textilfarbe nach der Gebrauchsanweisung auf der Packung in einem Gefäß auf (1).

Dann bereitet man den gelben Stoff vor, indem man ihn an verschiedenen Stellen, wie auf der Zeichnung (2) dargestellt, mit Baumwollgarn abbindet.

▶ *Das Garn muß sehr dicht gewickelt und so fest wie möglich angezogen werden, damit die gewickelten Stellen nicht gefärbt werden.*

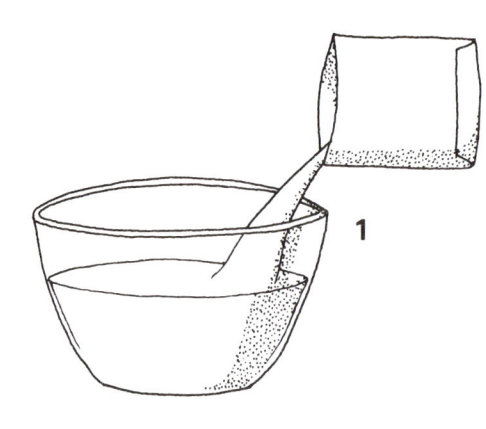

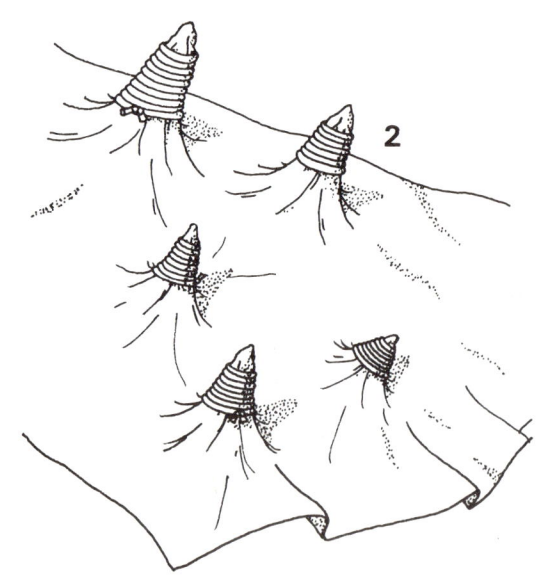

Nachdem man den Stoff an mehreren Stellen abgebunden hat, taucht man ihn in die grüne Farbe. Man braucht genügend Farbe, damit man den Stoff in dem Farbbad hin- und herbewegen kann (3). Hat der Stoff genug Farbe angenommen, nimmt man ihn heraus und spült ihn noch vor dem Öffnen der abgebundenen Stellen mehrfach in kaltem Wasser aus, in dem man vorher eine Handvoll Salz aufgelöst hat (4).

Dann wickelt man das Garn ab und breitet den Stoff zum Trocknen aus.

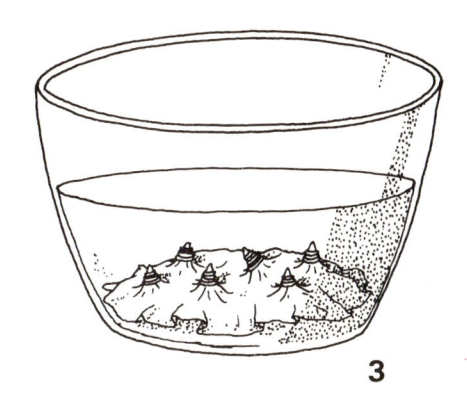

Kissen und Drachen

Für diesen hübschen Kissenbezug schneidet man aus weißem Stoff ein Rechteck zu und näht es zu einem Schlauch (1).

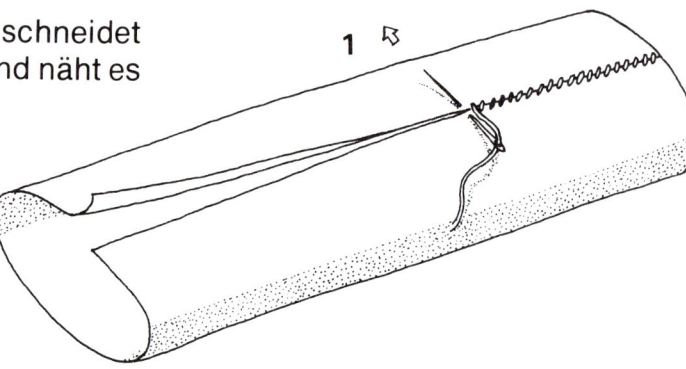

Wenn die Naht fertig ist, drückt man den Stoff zu einer schmalen Rolle zusammen und umwickelt die Rolle in gleichmäßigen Abständen mit Garn, so daß sechs Streifen frei bleiben (2).

Dann taucht man den Stoff in die vorbereitete gelbe Textilfarbe, läßt ihn die vorgeschriebene Zeit darin liegen und spült ihn anschließend in salzigem Wasser aus (3).

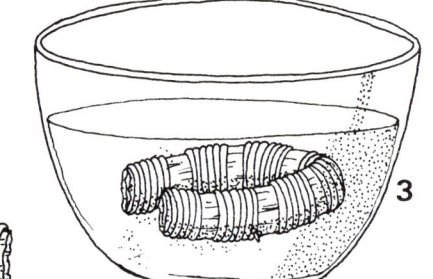

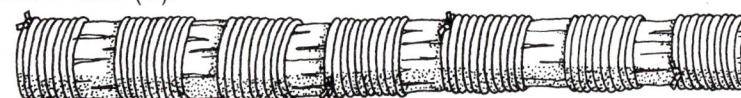

Nun löst man die Fäden und, ohne darauf zu warten, daß der Stoff trocknet, umwickelt man noch einmal etwas schmalere Stellen, die die zuvor gefärbten Stellen möglichst gut bedecken (4).

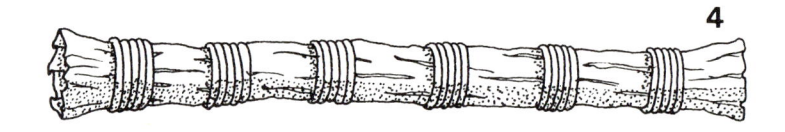

Der Stoff wird nun in rote Textilfarbe getaucht und anschließend wieder gut gespült. Danach breitet man ihn aus und läßt ihn trocknen (5).

Wenn der Bezug trocken ist, stopft man ihn mit Wolle oder Schaumstoff aus und bindet die Enden mit farbigen Bändern zusammen.

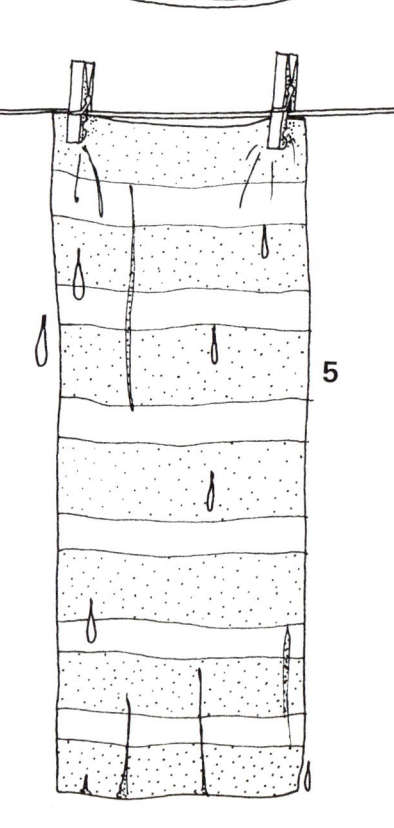

Der Drachen besteht aus einem Mittelteil und drei langen Stoffstreifen und wird ebenfalls aus weißem Stoff zugeschnitten (6).

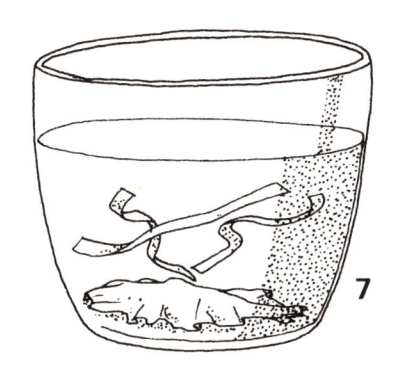

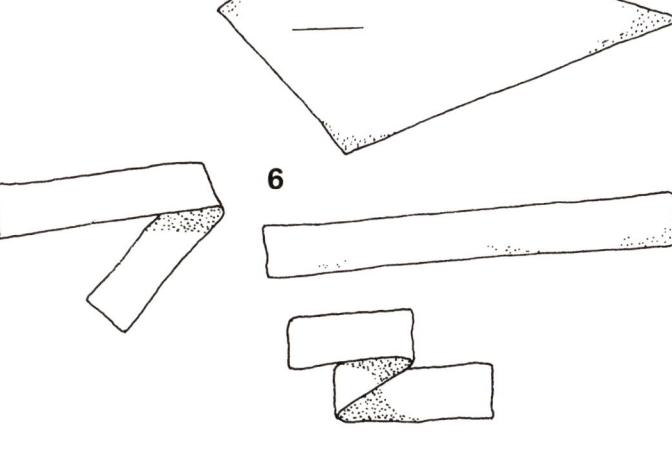

An den Stellen, wo das Mittelteil weiß bleiben soll, bindet man es mit Baumwollgarn ab und taucht es dann zusammen mit den langen Streifen in rosa Textilfarbe (7). Hat der Stoff genügend rosa Farbe angenommen, bindet man zusätzlich die Stellen ab, die rosa bleiben sollen. Auch die anfangs abgebundenen Stellen bleiben abgebunden (8). Von den drei Streifen werden zwei in der Mitte und der dritte an den Seiten umwickelt (9).

Nun taucht man alle Teile in blaue Farbe und spült sie anschließend gut aus.

Zum Schluß befestigt man die Ecken des Mittelstücks an den vier Enden von zwei über Kreuz gelegten Leisten und näht die Schwänze an.

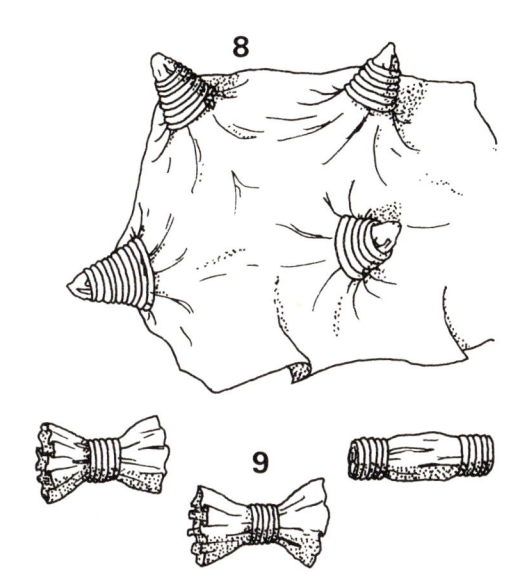

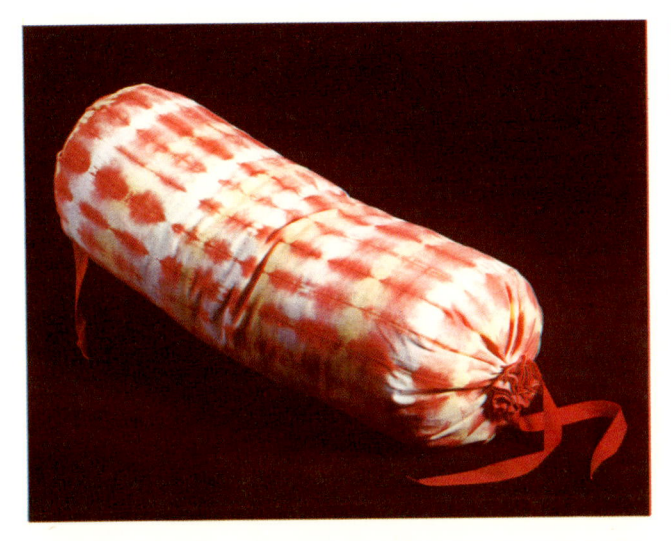

MATERIAL:
- Eine Glasschale
- zwei weiße Porzellanschalen
- Transparentfarben
- Pinsel

Schale

Zum Bemalen der Glasschale eignen sich durchsichtige Lackfarben (Transparentfarben). Man trägt die Farbe mit dem Pinsel auf der Innenseite der Schale auf, denn da Glas durchsichtig ist, sieht man sie auch von außen (1).

Für unser Beispiel wurde rote Transparentfarbe als Grundierung verwendet. Noch während die Farbe feucht ist, läßt man ein paar Tropfen blaue Farbe in die Schale fallen (2).

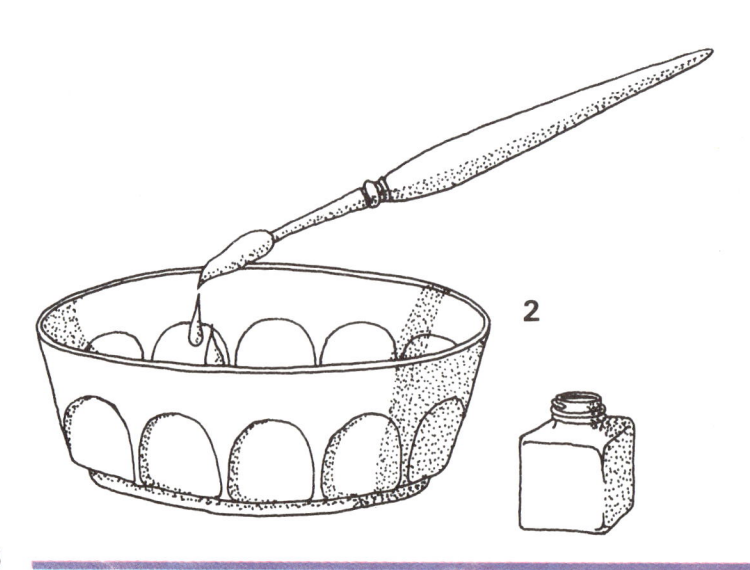

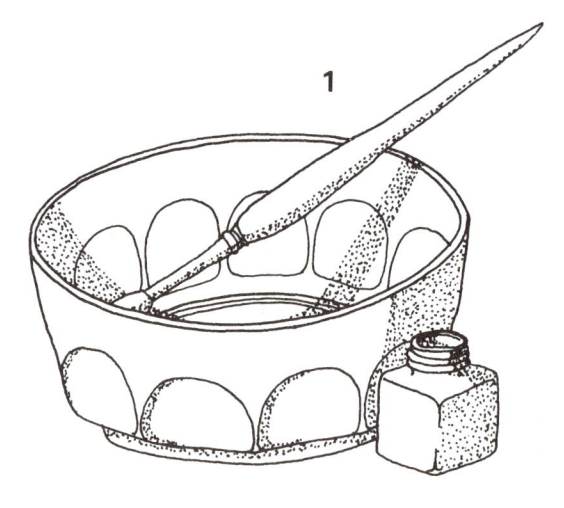

Dann schwenkt man die Schale hin und her, damit die Farben ineinander verlaufen (3).

▶ *Man kann den Farben auch ein paar Tropfen Alkohol zufügen, damit sie sich besser verteilen.*

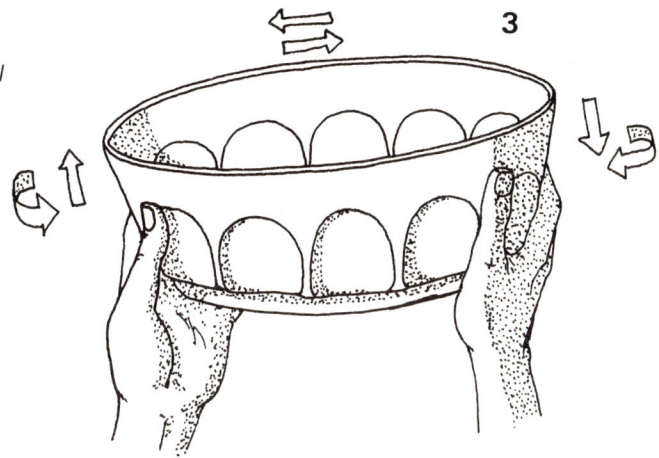

Schalen

Die Porzellanschalen werden genauso wie die Glasschale bemalt. Man trägt die Farben innen und außen auf (1 uund 2).

Die Schalen werden wieder hin- und hergeschwenkt, damit die Farbe ineinanderlaufen kann (3).

59

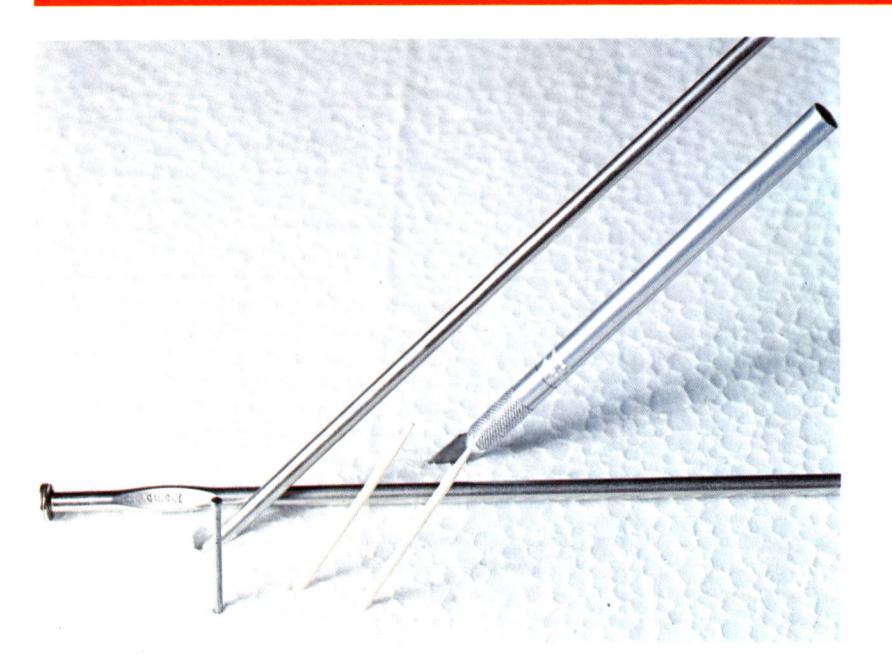

Material:
- Styroporplatte
- Messer
- Nägel oder Zahnstocher
- zwei Stricknadeln
- Lineal

Plastik

Aus der Styroporplatte schneidet man 14 gleich große Teile wie auf der Zeichnung (1) zu.

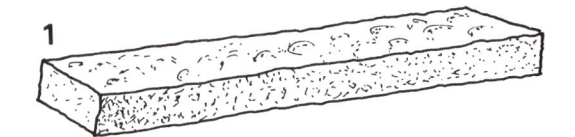

▶ *Damit die Schnittkanten gerade und sauber werden, legt man ein Lineal auf die Styroporplatte und schneidet an seiner Kante entlang (2).*

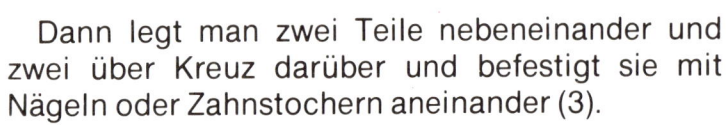

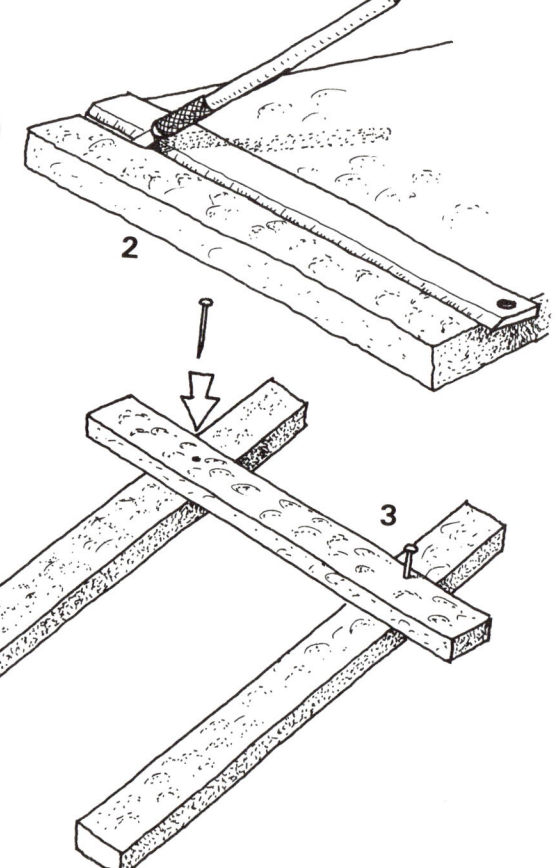

Dann legt man zwei Teile nebeneinander und zwei über Kreuz darüber und befestigt sie mit Nägeln oder Zahnstochern aneinander (3).

In der gleichen Weise befestigt man auch die übrigen Stäbe darauf (4).

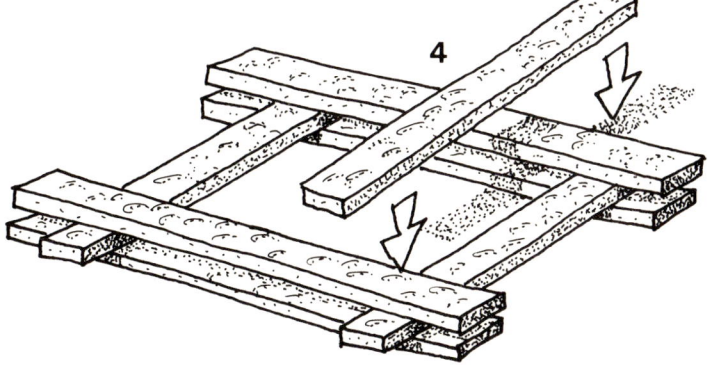

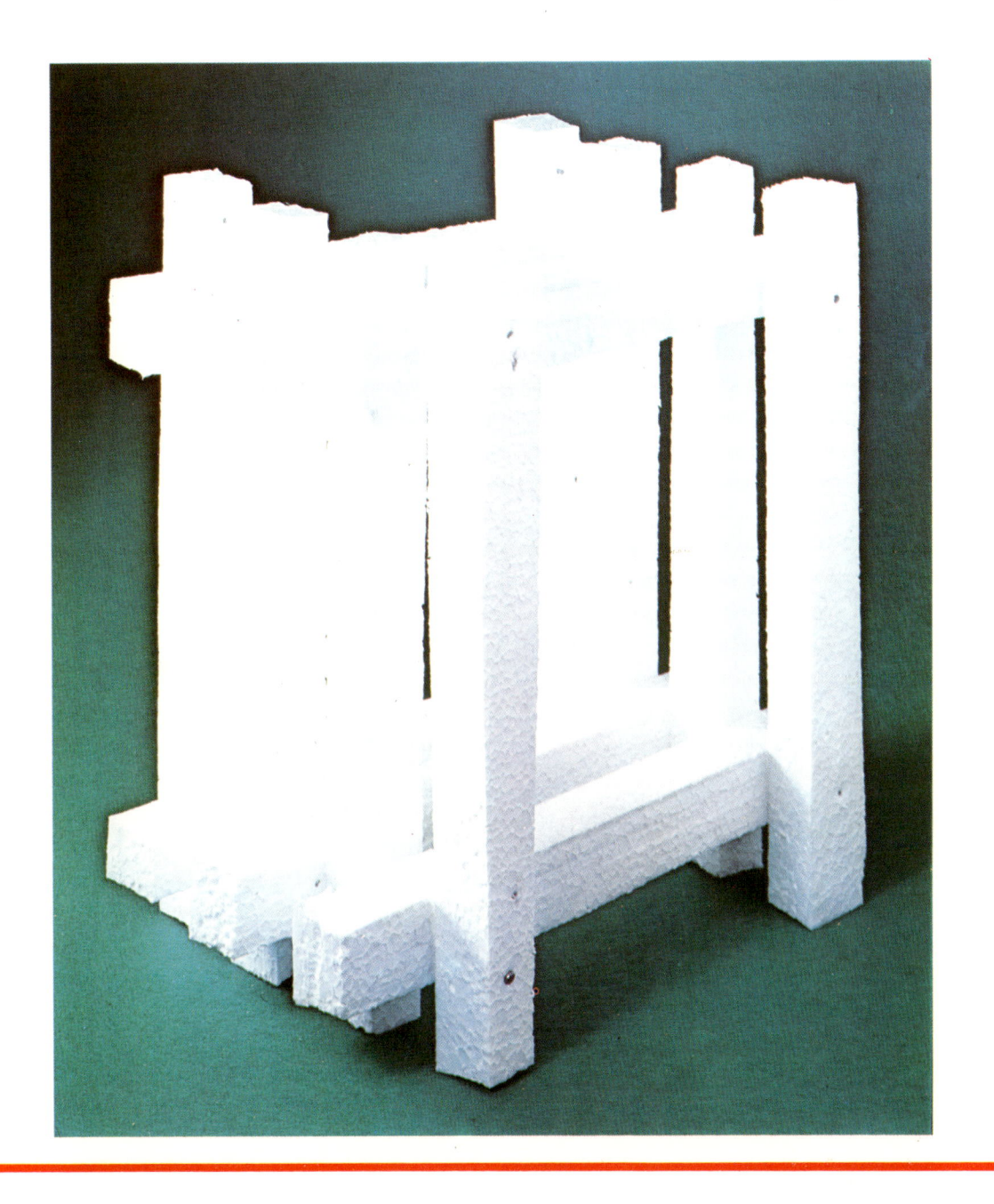

● Mobile

Man schneidet eine rechteckige Styroporplatte zu und zeichnet darauf die Linien, die auf der Zeichnung (1) zu sehen sind.

Mit einem scharfen Messer werden diese Formen vorsichtig entlang den vorgezeichneten Linien ausgeschnitten (2).

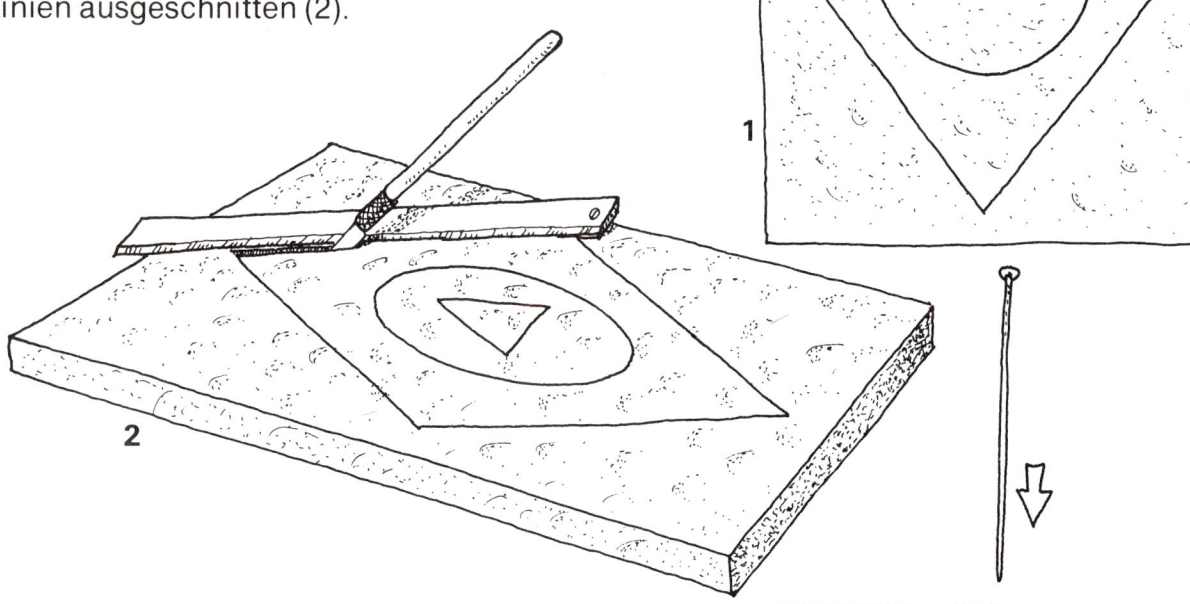

Nun schneidet man von diesen Formen einen schmalen Rand ab (3), damit sie in der fertigen Arbeit frei beweglich sind.

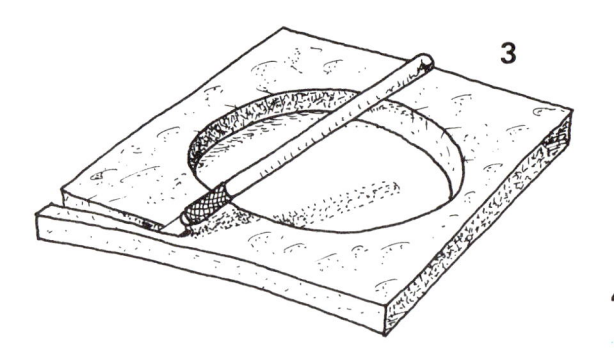

Dann setzt man diese drei Teile wieder ineinander, indem man vorsichtig von oben und von unten eine Stricknadel durchsticht; die Stricknadeln dienen als Achsen, um die sich das Mobile dreht (4).

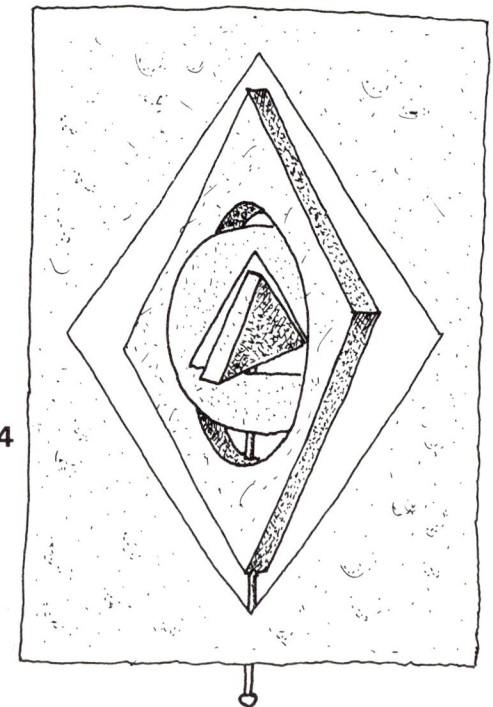

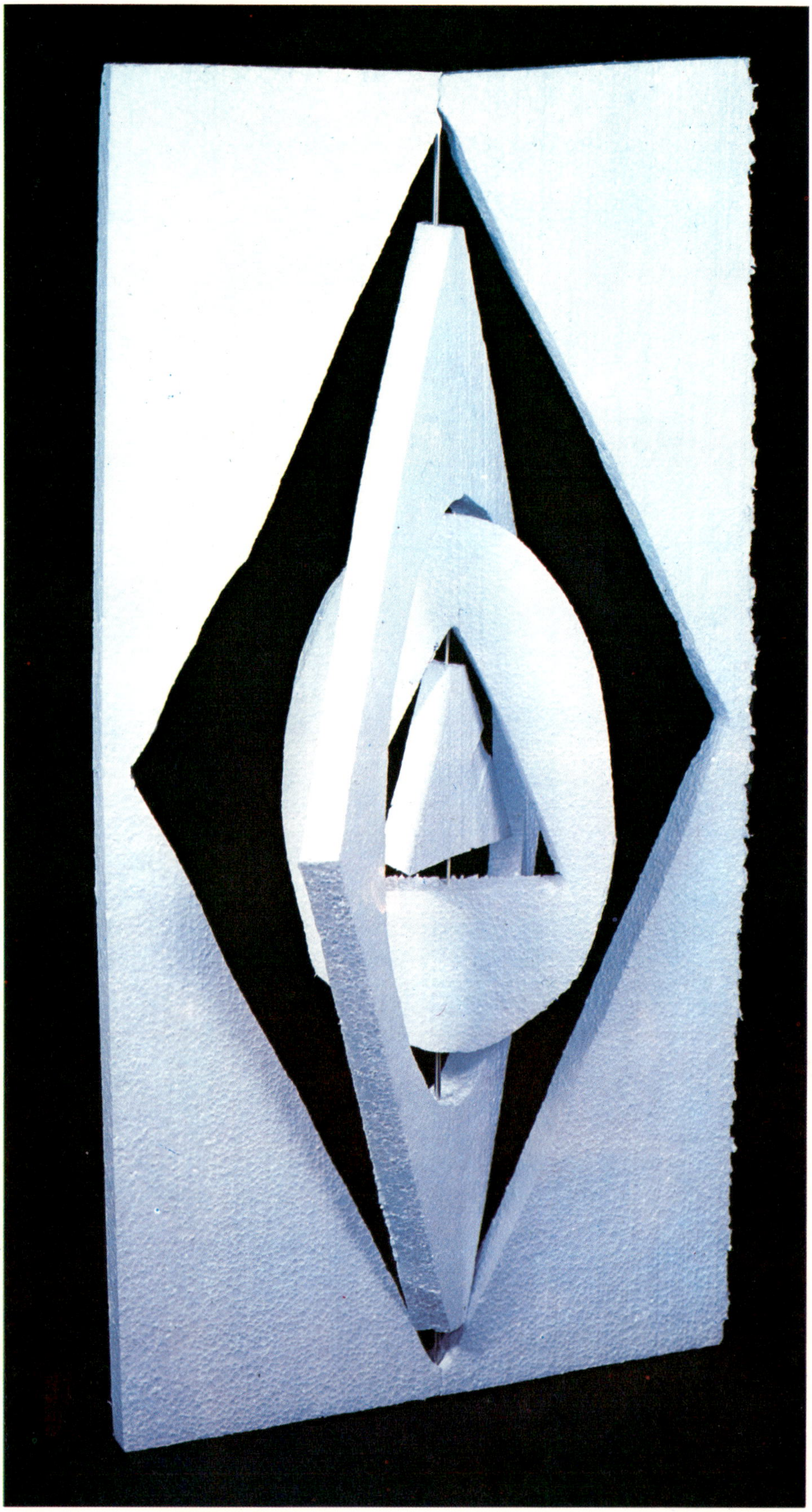

Inhalt

Baum 4
Raupe 6
Kette 8
Noch eine Kette 10
Schranktasche 12
Noch zwei Schranktaschen 14
Prinzessin 16
Hexe 18
König und Ritter 20
Kästchen 22
Noch mehr Kästchen 26
Untersetzer 28
Mehr Untersetzer 30
Untersetzer für Gläser 32
Lampenschirm 34
Tablett 36
Vogel 38
Blumen 40
Briefbeschwerer 42
Hand und Puppe 44
Netz 46
Tasche 48
Vorhang 52
Kissen und Drachen 54
Schale 56
Schalen 58
Plastik 60
Mobile 62